초등영단어
문장의 시작

차례

구성과 특징 1권-4권

〈초등영단어 문장의 시작〉은 초등학생이 알아야 할 1200단어를 공부하는 책이에요.

Level 1-4의 각 권에서 하루 10단어씩 30일간 300단어를 공부할 수 있어요.

매일 10단어씩 〈듣고 따라하기 ➡ 듣기 문제로 단어 익히기 ➡ 쓰기 문제로 단어 익히기

➡ 문장 듣기로 단어 확장하기 ➡ 글 읽기로 단어 확장하기〉의 5단계로 공부해요.

Step > 1 듣고 따라하기

**주제별 10개의 영단어를
보고, 듣고, 큰 소리로 따라 하며 익혀요.**

그림으로 보고, 소리로 듣고, 입으로 따라 하면서
각 단어의 소리, 철자, 뜻을 익힐 수 있어요.
읽은 횟수를 표시하며 모든 단어를 세 번씩 반복해요.

Step > 2 듣기 문제로 단어 익히기

**들려주는 소리에 해당하는 단어를
직접 쓰고, 보며 익혀요.**

- 소리를 듣고 단어를 쓴 후 사진을 연결하는 유형
- 소리를 듣고 단어의 철자를 쓴 후 의미를 확인하는 유형

보고, 듣고, 쓰기가 결합된 퀴즈 형식의 문제로
재미있게 단어를 공부해요.

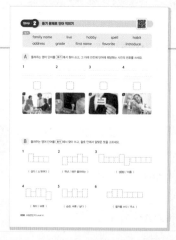

Step > 3 쓰기 문제로 단어 익히기

우리말 뜻이나 사진을 보고 단어를 기억해내며 전체 단어를 완성해요.

- 빈칸 채워 단어 완성하기
- 우리말 뜻에 맞는 전체 단어 써보기

훈련처럼 억지로 단어를 기억해내서 쓰는 것이 아니라
시각적 흥미를 일으키는 유형의 문제로 자연스럽게 단어를 익혀요.

Step > 4 문장 듣기로 단어 확장하기

들려주는 문장을 통해 단어의 쓰임을 공부해요.

단순한 단어 암기에 그치지 않고
문장에서의 쓰임을 이해할 수 있게 했어요.

Step > 5 글 읽기로 단어 확장하기

Step 4에서 학습한 문장을 활용한 짧은 글을 읽어요.

한 편의 글을 읽으며, 학습한 단어들이
글에서 어떻게 쓰이는지 알 수 있어요.

- 글의 전체 흐름을 파악하는 유형
- 글의 세부 내용을 파악하는 유형

두 가지 유형의 문제를 통해, 글을 이해했는지 확인해요.

단어 학습을 도와주는 장치들

Tips : 단어를 상황이나 때에 맞게 사용할 수 있는 팁을 제공해요.

Quick Check : 새로운 단어를 공부하기 전, 전날 배운 단어들을 듣고 받아쓰며 확인해요.

Review : 5일간 공부한 단어들을 간단하게 확인해요.

Workbook : 단어를 통으로 써보며 학습을 마무리해요. (별책)

DAY 01 Introduction 소개

Step > 1 듣고 따라하기

다음은 Day 01에서 공부할 10개의 단어입니다. 모든 단어는 세 번씩 읽어줍니다.
단어 아래 표기된 ❶, ❷, ❸에 ✔ 표시하며 큰 소리로 따라하세요.

0901
introduce
소개하다

✔ ❷ ❸

0902
spell
철자를 쓰다[말하다]

❶ ❷ ❸

0903
family name
성(姓)

❶ ❷ ❸

💡**TIPS** 서양에서는 이름을 먼저 쓰고 성(姓)을 마지막에 써요.
그래서 성(姓)을 last name이라고도 말해요.

0904
first name
(성이 아닌) 이름

❶ ❷ ❸

0905
live
(특정 장소에) 살다

❶ ❷ ❸

0906
address
주소

❶ ❷ ❸

0907
favorite
매우 좋아하는

❶ ❷ ❸

0908
hobby
취미

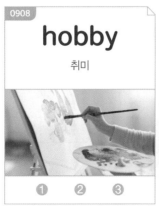

❶ ❷ ❸

0909
habit
습관, 버릇

❶ ❷ ❸

0910
grade
학년

❶ ❷ ❸

보기

| family name | live | hobby | spell | habit |
| address | grade | first name | favorite | introduce |

A 들려주는 영어 단어를 보기에서 찾아 쓰고, 그 아래 빈칸에 단어에 해당하는 사진의 번호를 쓰세요.

1
_____
▢

2
_____
▢

3
_____
▢

4
_____
▢

B 들려주는 영어 단어를 보기에서 찾아 쓰고, 괄호 안에서 알맞은 뜻을 고르세요.

1

(살다 / 소개하다)

2

(학년 / 매우 좋아하는)

3

(성(姓) / 이름)

4

(취미 / 버릇)

5

(습관, 버릇 / 살다)

6

(철자를 쓰다 / 주소)

C 다음 사진을 보고, 빈칸에 우리말 뜻을 쓰고 영어 단어를 완성하세요.

1  → [　　　　] → a □ □ r □ ss

2  → [취미] → ho □ □ □

3 → [　　　　] → fa □ □ □ n □ □ □

4  → [살다] → l □ □ □

5  → [학년] → □ □ □ de

D 다음 우리말을 표현한 영어 문장의 빈칸을 완성하세요.

1 그는 나에게 그녀를 소개합니다. → He in_____ces her to me.

2 걷기는 좋은 습관입니다. → Walking is a good h_____.

3 그는 자신의 이름의 철자를 씁니다. → He s_____s his name.

4 그녀의 이름은 Jenny입니다. → Her f_____ na_____ is Jenny.

5 이것은 내가 가장 좋아하는 음식입니다. → This is my f__vo_____ food.

E   다음을 듣고 빈칸을 채워 문장을 완성한 후, 큰 소리로 따라하세요.

1   I am glad to ⬚ myself to you.

여러분에게 저를 소개하게 되어 기쁩니다.

2   My ⬚ is Junho and my ⬚ is Shin.

제 이름은 준호이고, 성(姓)은 신입니다.

3   I am eleven years old and I am in the fifth ⬚.

저는 11살이고, 5학년입니다.

4   I ⬚ in *Gangnam-gu*, Seoul.

저는 서울의 강남구에 삽니다.

5   My ⬚ food is pizza and I like studying math.

제가 매우 좋아하는 음식은 피자이고, 저는 수학 공부를 좋아합니다.

6   I have a ⬚ of waking up late in the morning.

저는 아침에 늦게 일어나는 습관이 있습니다.

7   I want to break this ⬚.

저는 이 습관을 고치고 싶습니다.

📝 **Expressions**

- **myself** : 나 자신
- **math** : 수학
- **wake up** : 깨어나다, 일어나다
- **break a habit** : 습관[버릇]을 고치다

F 다음 글을 읽고, 물음에 답하세요. 2번은 글에 쓰인 표현을 사용해 답하세요.

Let Me Introduce Myself.

Hello!

I am glad to introduce myself to you.

My first name is Junho and my family name is Shin.

I am eleven years old and I am in the fifth grade.

I live in *Gangnam-gu*, Seoul.

My favorite food is pizza and I like studying math.

In my free time, I draw pictures or read comic books.

I also play the piano with my mother.

I have a habit of waking up late in the morning.

I want to break this habit.

Thank you for listening.

1. 다음을 읽고, 윗글의 내용과 일치하면 T를, 일치하지 않으면 F를 쓰세요.

a. Junho is eleven years old and in the 4th grade.	
b. Junho is fond of eating pizza.	
c. Junho likes reading comic books in his free time.	

2. What does Junho think of his habit?

→ He wants _____.

Quick Check

정답 및 해석 >> p35

● Day 01에서 학습한 단어들을 듣고 쓴 후, 그 단어의 우리말 뜻을 쓰세요.

1 _____ → _____

2 _____ → _____

3 _____ → _____

4 _____ → _____

5 _____ → _____

6 _____ → _____

7 _____ → _____

8 _____ → _____

9 _____ → _____

10 _____ → _____

✎ 틀린 단어 써보기

_____

_____

_____

DAY 02

Towns (1) 도시 (1)

Step 1 듣고 따라하기

다음은 Day 02에서 공부할 10개의 단어입니다. 모든 단어는 세 번씩 읽어줍니다.
단어 아래 표기된 ❶, ❷, ❸에 ✓ 표시하며 큰 소리로 따라하세요.

0911
town
(소)도시, 시내, 동네
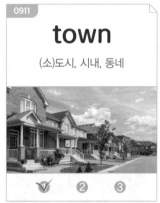
✓ ❷ ❸

0912
city
도시, 시
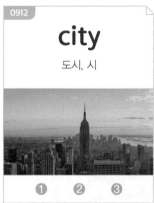
❶ ❷ ❸

0913
downtown
시내에, 시내로
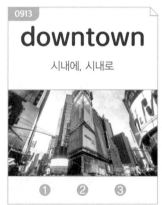
❶ ❷ ❸

0914
traffic light
신호등

❶ ❷ ❸

0915
bus stop
버스 정류장

❶ ❷ ❸

0916
shop
가게; 쇼핑하다

❶ ❷ ❸

0917
city hall
시청
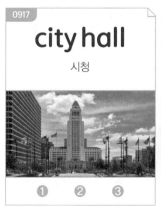
❶ ❷ ❸

0918
national park
국립공원
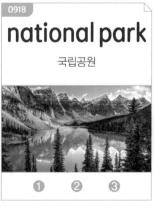
❶ ❷ ❸

0919
gas station
주유소
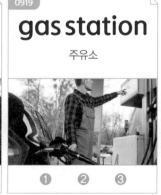
❶ ❷ ❸

0920
parking lot
주차장

❶ ❷ ❸

town	traffic light	city hall	gas station	city
downtown	bus stop	national park	parking lot	shop

A 들려주는 영어 단어를 보기 에서 찾아 쓰고, 그 아래 빈칸에 단어에 해당하는 사진의 번호를 쓰세요.

1

2

3

4

B 들려주는 영어 단어를 보기 에서 찾아 쓰고, 괄호 안에서 알맞은 뜻을 고르세요.

1

(버스 정류장 / 신호등)

2

(국립공원 / 시내로)

3

(시내에 / 도시)

4

(주차장 / 주유소)

5

(시청 / (소)도시)

6

(도시 / 가게)

C 다음 사진을 보고, 빈칸에 우리말 뜻을 쓰고 영어 단어를 완성하세요.

1 □ → [   ] → g ▢▢ s ▢▢▢▢ n

2 □ → 가게; 쇼핑하다 → ▢▢▢ p

3 □ → 도시, 시 → c ▢▢▢

4 □ → 시청 → c ▢▢▢ h ▢▢▢

5 □ → [   ] → tra ▢▢▢▢ l ▢▢▢ t

D 다음 우리말을 표현한 영어 문장의 빈칸을 완성하세요.

1 우리는 작은 도시에서 삽니다. → We live in a small t_____ .

2 그들은 자주 시내에 갑니다. → They often go d_____ w n .

3 버스 정류장은 저쪽에 있습니다. → The b_____ s_____ is over there.

4 이 국립공원은 매우 큽니다. → This n_____ al pa_____ is very big.

5 주차장이 어디에 있습니까? → Where is the p a_____ g l_____ ?

E 다음을 듣고 빈칸을 채워 문장을 완성한 후, 큰 소리로 따라하세요.

1 Excuse me, I am lost. Do you live in this ⬚ ?

실례합니다. 나는 길을 잃었습니다. 당신은 이 동네에 사나요?

2 I want to go to ⬚ .

나는 시청에 가기를 원합니다.

3 It is ⬚ . It is not far from here.

그것은 시내에 있습니다. 그것은 이곳에서 멀지 않습니다.

4 Can you see the ⬚ in front of the gift ⬚ ?

선물 가게 앞의 버스 정류장이 보이나요?

5 You will see a big ⬚ and ⬚ is next to it.

당신은 큰 주유소를 볼 것이고, 시청은 그것 옆에 있습니다.

📝 **Expressions**

· Excuse me. : 실례합니다.

· lost : 길을 잃은

· far from : ~에서 멀리

· in front of : ~ 앞에

· next to : ~ 옆에

F 다음 글을 읽고, 물음에 답하세요. 2번은 글에 쓰인 표현을 사용해 답하세요.

I Am Lost.

Boy Excuse me, I am lost. Do you live in this town?

Girl Yes, I do. Where do you want to go?

Boy I want to go to City Hall. Where is it?

Girl It is downtown. It is not far from here.

Can you see the bus stop in front of the gift shop?

Boy Yes, I can.

Girl Take bus number 3 there and get off at the second stop.

You will see a big gas station and City Hall is next to it.

You can't miss it.

Boy Oh, thank you very much.

Girl You're welcome.

1. 이야기의 순서대로 그림 아래에 1 ~ 3의 숫자를 써넣으세요.

2. Where does the boy want to go?

➡ He wants _____.

정답 및 해석 >> p36

Quick Check

● Day 02에서 학습한 단어들을 듣고 쓴 후, 그 단어의 우리말 뜻을 쓰세요.

1 ➡

2 ➡

3 ➡

4 ➡

5 ➡

6 ➡

7 ➡

8 ➡

9 ➡

10 ➡

✎ 틀린 단어 써보기

DAY 03 Towns (2) 도시(2)

Step > 1 들고 따라하기

다음은 Day 03에서 공부할 10개의 단어입니다. 모든 단어는 세 번씩 읽어줍니다.
단어 아래 표기된 ❶, ❷, ❸에 ✓ 표시하며 큰 소리로 따라하세요.

0921	0922	0923	0924
area 지역, 구역	**village** (시골) 마을	**country** 나라, 시골	**field** 들판, 밭
	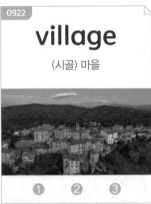		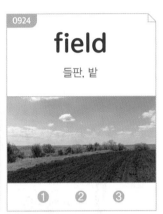
✓ ❷ ❸	❶ ❷ ❸	❶ ❷ ❸	❶ ❷ ❸

0925	0926	0927
farm 농장	**bridge** 다리	**sign** 표지판; 서명하다
	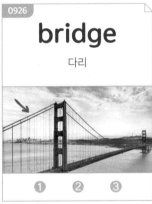	
❶ ❷ ❸	❶ ❷ ❸	❶ ❷ ❸

💡TIPS '여러 개의 공장'은 factories로 표현해요.

0928	0929	0930
crossroad 교차로, 네거리	**factory** 공장	**tower** 탑
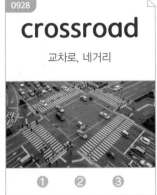	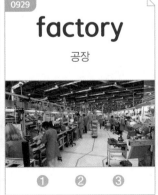	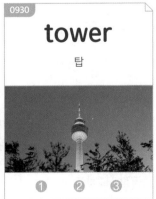
❶ ❷ ❸	❶ ❷ ❸	❶ ❷ ❸

보기

| bridge | crossroad | country | field | tower |
| factory | farm | area | sign | village |

A 들려주는 영어 단어를 (보기)에서 찾아 쓰고, 그 아래 빈칸에 단어에 해당하는 사진의 번호를 쓰세요.

1

2

3

4

B 들려주는 영어 단어를 (보기)에서 찾아 쓰고, 괄호 안에서 알맞은 뜻을 고르세요.

1
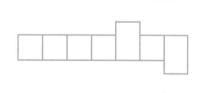
(나라 / 다리)

2
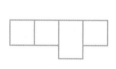
(공장 / 표지판)

3
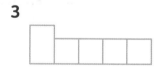
(다리 / 탑)

4

(공장 / 교차로)

5
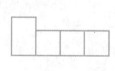
(농장 / 시골)

6
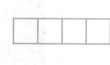
(공장 / 지역)

C 다음 사진을 보고, 빈칸에 우리말 뜻을 쓰고 영어 단어를 완성하세요.

1 → [　] → f □□□

2  → 표지판; 서명하다 → s □□□

3  → 교차로, 네거리 → cro □□ r □□ d

4 → [　] → t □□□

5 → 나라, 시골 → c □□□□ ry

D 다음 우리말을 표현한 영어 문장의 빈칸을 완성하세요.

1 나는 이 지역을 잘 압니다.   → I know this a_____ well.

2 그 마을 사람들은 친절합니다.   → People in the vi_____e are kind.

3 들판에 말들이 있습니다.   → There are horses in the f_____.

4 그녀는 자동차 공장에서 일합니다.   → She works at a car f_____ry.

5 자동차들이 다리 위를 달리고 있습니다.   → Cars are running on the b_____e.

E 다음을 듣고 빈칸을 채워 문장을 완성한 후, 큰 소리로 따라하세요.

1 Do you live in the [   ] or in the city?

여러분은 시골에 사나요, 아니면 도시에 사나요?

2 I live in a [   ] in the [   ].

나는 시골의 한 마을에 삽니다.

3 You can see sheep and goats on animal [   ].

여러분은 동물 농장에서 양과 염소를 볼 수 있습니다.

4 A stream flows under a small [   ].

개울이 작은 다리 아래로 흐릅니다.

5 In fall, you can see golden crops in the [   ].

가을에, 여러분은 들판에서 황금빛 곡식을 볼 수 있습니다.

6 There are no [   ] around my [   ].

나의 마을 주변에는 공장이 없습니다.

📖 Expressions
- stream : 시내, 개울
- flow : 흐르다
- golden : 황금빛의
- crop : 농작물

F 다음 글을 읽고, 물음에 답하세요. 2번은 글에 쓰인 표현을 사용해 답하세요.

Where Do You Live?

Do you live in the country or in the city?

I live in a village in the country.

It is a small and beautiful place.

You can see sheep and goats on animal farms.

There are hills and low mountains.

A stream flows under a small bridge.

You can take a walk around the beautiful lake.

In fall, you can see golden crops in the field.

There are no factories around my village.

I love my village very much!

1. 다음을 읽고, 윗글의 내용과 일치하면 T를, 일치하지 않으면 F를 쓰세요.

a. Some people in my village have goats.	
b. There are high mountains in my village.	
c. People can find some factories in my village.	

2. In autumn, what can you see in my village?

➡ We can see _____ .

Quick Check

정답 및 해석 >> p37

● Day 03에서 학습한 단어들을 듣고 쓴 후, 그 단어의 우리말 뜻을 쓰세요.

1   →

2   →

3   →

4   →

5   →

6   →

7   →

8   →

9   →

10   →

✎ 틀린 단어 써보기

DAY 04 Buildings 건물

 Step 1 듣고 따라하기

다음은 Day 04에서 공부할 10개의 단어입니다. 모든 단어는 세 번씩 읽어줍니다.
단어 아래 표기된 ❶, ❷, ❸에 ✔ 표시하며 큰 소리로 따라하세요.

0931 **build** 짓다, 건설하다	0932 **building** 건물	0933 **inside** ~안으로; 내부

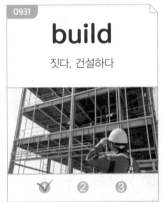

0934 **outside** 바깥쪽; 바깥의; 바깥에서	0935 **apartment** 아파트	0936 **bank** 은행	0937 **museum** 박물관, 미술관

💡**TIPS** museum과 gallery 모두 '미술관'을 의미해요. museum은 '공공기관 으로서의 미술관'을, gallery는 '개인적·상업적 미술관'을 가리켜요.

0938 **fire station** 소방서	0939 **police station** 경찰서	0940 **post office** 우체국

| museum | post office | outside | inside | apartment |
| police station | building | fire station | build | bank |

A 들려주는 영어 단어를 보기 에서 찾아 쓰고, 그 아래 빈칸에 단어에 해당하는 사진의 번호를 쓰세요.

1

2

3

4

B 들려주는 영어 단어를 보기 에서 찾아 쓰고, 괄호 안에서 알맞은 뜻을 고르세요.

1

(소방서 / 우체국)

2

(학교 / 경찰서)

3

(바깥에서 / 내부)

4

(건물 / 짓다)

5

(~ 안으로 / 박물관)

6

(건물 / 은행)

Step › 3 쓰기 문제로 단어 익히기

C 다음 사진을 보고, 빈칸에 우리말 뜻을 쓰고 영어 단어를 완성하세요.

1 → [~ 안으로; 내부] → ☐ ☐ s i d e

2 → [짓다, 건설하다] → b ☐ ☐ ☐ d

3 → [ ] → f i ☐ ☐ s t a ☐ ☐ ☐ n

4 → [ ] → p o ☐ ☐ ☐ s t a ☐ ☐ n

5 → [바깥쪽; 바깥에서] → ☐ ☐ ☐ s i d e

D 다음 우리말을 표현한 영어 문장의 빈칸을 완성하세요.

1 우리는 시내에 있는 아파트에 삽니다. → We live in an _____tment downtown.

2 사람들은 은행에 돈을 저금합니다. → People save money in the b_____.

3 그 박물관이 월요일에 문을 여나요? → Is the m_____m open on Mondays?

4 우체국이 어디인가요? → Where is the p_____ of _____?

5 저 건물은 얼마나 높나요? → How tall is that b_____ing?

E 다음을 듣고 빈칸을 채워 문장을 완성한 후, 큰 소리로 따라하세요.

1 It is between the [　　　] and the [　　　].

그것은 소방서와 우체국 사이에 있습니다.

2 The [　　　] is very tall and you can see it from a distance.

그 건물은 매우 높아서 멀리서 그것을 볼 수 있습니다.

3 It is a [　　　].

그것은 미술관입니다.

4 [　　　] the [　　　], there is a beutiful flower garden.

그 건물 밖에는 아름다운 화단이 있습니다

5 [　　　] the [　　　], there is a big screen.

그 건물 안에는, 대형 화면이 있습니다.

6 Let's visit the [　　　] this weekend!

이번 주말에 그 미술관을 방문합시다!

📝 **Expressions**
- from a distance : 멀리서
- flower garden : 화단, 꽃밭
- screen : 화면, 스크린

F 다음 글을 읽고, 물음에 답하세요. 2번은 글에 쓰인 표현을 사용해 답하세요.

A New Museum

There is a new building in my town.

It is between the fire station and the post office.

The building is very tall and you can see it from a distance.

It is a museum.

It has many pictures from all around the world.

Outside the building, there is a beautiful flower garden.

Inside the building, there is a big screen.

You can see the four seasons of Korea on the screen.

Let's visit the museum this weekend!

How to get there:

Take the shuttle bus in front of the Korea Art School.

For more information, please visit www.townmuseum.org.

1. 다음을 읽고, 윗글의 내용과 일치하면 T를, 일치하지 않으면 F를 쓰세요.

a. The museum building in my town is very tall.	
b. We can see pictures from other countries in the museum.	
c. Many buses in my town go to the museum.	

2. What can you see on the screen in the museum building?

➡ We can see _____.

정답 및 해석 >> p38

Quick Check

● Day 04에서 학습한 단어들을 듣고 쓴 후, 그 단어의 우리말 뜻을 쓰세요.

1 _____ ➜ _____

2 _____ ➜ _____

3 _____ ➜ _____

4 _____ ➜ _____

5 _____ ➜ _____

6 _____ ➜ _____

7 _____ ➜ _____

8 _____ ➜ _____

9 _____ ➜ _____

10 _____ ➜ _____

✎ 틀린 단어 써보기

_____

_____

_____

Streets and Roads 거리와 도로

학습한 날 : _____ / _____

Step 1 듣고 따라하기

다음은 Day 05에서 공부할 10개의 단어입니다. 모든 단어는 세 번씩 읽어줍니다.
단어 아래 표기된 ❶, ❷, ❸에 ✓ 표시하며 큰 소리로 따라하세요.

0941
cross
건너다, 가로지르다
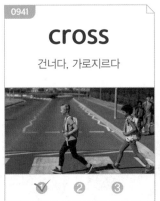
✓ ❷ ❸

0942
accident
(특히 자동차) 사고

❶ ❷ ❸

0943
way
길, 방법
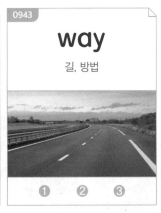
❶ ❷ ❸

0944
road
(차가 다니는) 도로, 길
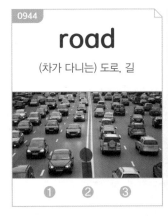
❶ ❷ ❸

0945
sidewalk
보도, 인도
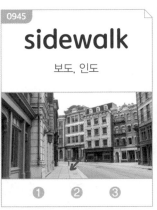
❶ ❷ ❸

0946
street
거리, 도로, 가(街)
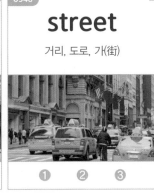
❶ ❷ ❸

0947
side
쪽, 옆면

❶ ❷ ❸

0948
corner
모퉁이

❶ ❷ ❸

0949
crosswalk
횡단보도
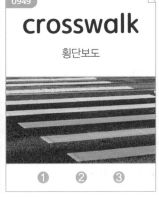
❶ ❷ ❸

0950
highway
고속도로
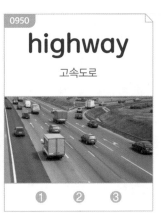
❶ ❷ ❸

cross	way	street	corner	highway
accident	sidewalk	side	crosswalk	road

A 들려주는 영어 단어를 보기 에서 찾아 쓰고, 그 아래 빈칸에 단어에 해당하는 사진의 번호를 쓰세요.

1

2

3

4

B 들려주는 영어 단어를 보기 에서 찾아 쓰고, 괄호 안에서 알맞은 뜻을 고르세요.

1

(길, 방법 / 건너다)

2

(쪽, 옆면 / 보도)

3

(사고 / 횡단보도)

4

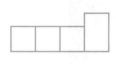

(보도 / 도로, 길)

5

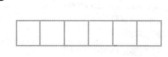

(건너다 / 모퉁이)

6

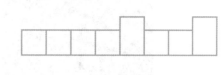

(건너다 / 사고)

C 다음 사진을 보고, 빈칸에 우리말 뜻을 쓰고 영어 단어를 완성하세요.

1  → [　　　　] → a c c ▢ ▢ ▢ ▢ t

2 → 모퉁이 → c ▢ ▢ ▢ ▢ r

3  → [　　　　] → c r ▢ ▢ ▢ ▢ ▢ ▢ k

4 → 쪽, 옆면 → ▢ ▢ ▢ e

5 → 도로, 길 → ▢ ▢ ▢ d

D 다음 우리말을 표현한 영어 문장의 빈칸을 완성하세요.

1 우리는 횡단보도를 건넙니다. → We c_____ the crosswalk.

2 이 길이 우리집으로 가는 길입니다. → This is the w_____ to my house.

3 사람들이 보도 위를 걷습니다. → People walk on the _____ walk.

4 버스 정류장은 도로 건너편에 있습니다. → The bus stop is across the str_____.

5 차들이 고속도로에서 빨리 이동합니다. → Cars move fast on the _____ way.

E 다음을 듣고 빈칸을 채워 문장을 완성한 후, 큰 소리로 따라하세요.

1 I walk on the ☐ to school.

나는 인도를 걸어서 학교에 갑니다.

2 There are trees on both ☐ of the ☐.

도로의 양쪽 편에는 나무들이 있습니다.

3 At the ☐, there is an ice cream shop.

모퉁이에 아이스크림 가게 하나가 있습니다.

4 Around the corner, I come to a busy ☐.

모퉁이를 돌아서 나는 혼잡한 거리에 이릅니다.

5 There are many car ☐ there.

그곳에는 차 사고가 많이 일어납니다.

6 Before I cross the ☐, I look both ☐.

그 횡단보도를 건너기 전에, 나는 양쪽 길을 살핍니다.

7 I can ☐ the street safely.

나는 안전하게 그 거리를 건널 수 있습니다.

📝 **Expressions**
- both : 양쪽
- shop : 가게
- busy : 바쁜, 혼잡한
- safely : 안전하게

F 다음 글을 읽고, 물음에 답하세요. 2번은 글에 쓰인 표현을 사용해 답하세요.

On My Way to School

I walk on the sidewalk to school.

There are trees on both sides of the road.

At the corner, there is an ice cream shop.

It is famous in my town, and I go there every day.

Around the corner, I come to a busy street.

There is a crosswalk on the street.

I use the crosswalk to get to school.

There are many car accidents there.

Before I cross the crosswalk, I look both ways.

Every morning, adults help me to cross the street.

I can cross the street safely.

1. 이야기의 순서대로 그림 아래에 1 ~ 4의 숫자를 써넣으세요.

2. Where is the ice cream shop?

➡ The ice cream shop is _____.

A 다음 사진에 해당하는 영어 단어를 고르세요.

1

[bus stop / gas station]

2

[bridge / tower]

3

[traffic light / parking lot]

4

[address / build]

5

[field / building]

6

[favorite / corner]

B 다음 영어 단어와 우리말 뜻을 선으로 연결하세요.

1 museum •　　　　　　• 보도, 인도

2 corner •　　　　　　• 박물관, 미술관

3 introduce •　　　　　　• 학년

4 grade •　　　　　　• 우체국

5 country •　　　　　　• 모퉁이

6 sidewalk •　　　　　　• 소개하다

7 post office •　　　　　　• 나라, 시골

C 다음 사진에 해당하는 영어 단어를 보기에서 골라 쓰세요.

보기

accident	spell	village	apartment
factory	bank	crossroad	street

1

2

3

4

5

6

7

8

D 다음 우리말을 영어로 옮길 때, 빈칸에 알맞은 말을 보기에서 골라 쓰세요.

보기

hobby	city	farm	live	inside

1 당신의 취미가 무엇인가요? ➡ What is your _____?

2 그 도시에는 높은 건물이 많습니다. ➡ The _____ has many tall buildings.

3 교실 안으로 들어가시오. ➡ Go _____ the classroom.

4 농장에는 돼지 50마리가 있습니다. ➡ There are 50 pigs on the _____.

5 우리는 서울에 삽니다. ➡ We _____ in Seoul.

정답 및 해석 >> p40

Quick Check

● Day 05에서 학습한 단어들을 듣고 쓴 후, 그 단어의 우리말 뜻을 쓰세요.

1 ➡

2 ➡

3 ➡

4 ➡

5 ➡

6 ➡

7 ➡

8 ➡

9 ➡

10 ➡

✎ 틀린 단어 써보기

DAY 06 Transportation (1) 교통수단 (1)

Step 1 듣고 따라하기

다음은 Day 06에서 공부할 10개의 단어입니다. 모든 단어는 세 번씩 읽어줍니다.
단어 아래 표기된 ❶, ❷, ❸에 ✔ 표시하며 큰 소리로 따라하세요.

0951	0952	0953	0954
car	**truck**	**drive**	**bus**
자동차	트럭	운전하다	버스

❶ ❷ ❸   ❶ ❷ ❸   ❶ ❷ ❸   ❶ ❷ ❸

0955	0956	0957
taxi	**passenger**	**take**
택시	승객	가져가다, 데려가다, (차를) 타다

❶ ❷ ❸   ❶ ❷ ❸   ❶ ❷ ❸

💡 **TIPS** 자전거, 오토바이, 말을 탈 때 주로 ride를 써요.

0958	0959	0960
bike	**helmet**	**ride**
자전거	헬멧	(자전거 등을) 타다

❶ ❷ ❸   ❶ ❷ ❸   ❶ ❷ ❸

| drive | bus | car | truck | ride |
| taxi | passenger | bike | helmet | take |

A 들려주는 영어 단어를 보기에서 찾아 쓰고, 그 아래 빈칸에 단어에 해당하는 사진의 번호를 쓰세요.

1

2

3

4

B 들려주는 영어 단어를 보기에서 찾아 쓰고, 괄호 안에서 알맞은 뜻을 고르세요.

1

(자동차 / 자전거)

2

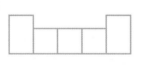

(트럭 / 택시)

3

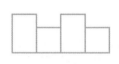

(버스 / 자전거)

4

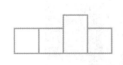

((자전거 등을) 타다 / 내리다)

5

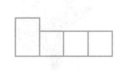

(택시 / 버스)

6

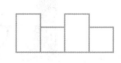

((차를) 타다 / 운전하다)

C 다음 사진을 보고, 빈칸에 우리말 뜻을 쓰고 영어 단어를 완성하세요.

1  → [ ] → t ▢ ▢ ▢

2 → 택시 → t ▢ ▢ i

3  → 트럭 → t ▢ ▢ k

4 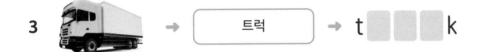 → (자전거 등을) 타다 → ▢ ▢ ▢ e

5 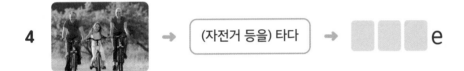 → [ ] → b ▢ ▢ ▢

D 다음 우리말을 표현한 영어 문장의 빈칸을 완성하세요.

1 이 버스는 시청으로 갑니다. → This b_____ goes to City Hall.

2 그녀는 택시를 운전합니다. → She d_____s a taxi.

3 당신은 차를 가지고 있나요? → Do you have a c_____ ?

4 헬멧을 착용해야 합니다. → You should wear a _____e t .

5 버스에 승객이 10명 있습니다. → There are 10 p_____g e r s on the bus.

E 다음을 듣고 빈칸을 채워 문장을 완성한 후, 큰 소리로 따라하세요.

1 He does not want to ▯ his car.

그는 자신의 차를 운전하고 싶어 하지 않습니다.

2 We take a ▯ to the park.

우리는 공원에 버스를 타고 갑니다.

3 There are many ▯ on the bus.

버스에는 승객들이 많이 있습니다.

4 At the park, we rent two ▯.

공원에서 우리는 자전거 두 대를 빌립니다.

5 My father teaches me to ▯ a bike.

나의 아버지는 나에게 자전거 타는 것을 가르쳐줍니다.

6 My father makes me wear a ▯.

나의 아버지는 내게 헬멧을 쓰게 합니다.

7 We take a ▯.

우리는 택시를 탑니다.

📝 **Expressions**

- take a bus[taxi] : 버스[택시]를 타다
- many : (수가) 많은
- rent : 대여하다
- wear : 입다, 쓰다, 착용하다

F 다음 글을 읽고, 물음에 답하세요. 2번은 글에 쓰인 표현을 사용해 답하세요.

Going to the Park with My Father

It is Saturday today.

My father and I go to the park.

He does not want to drive his car and we take a bus to the park.

There are many passengers on the bus.

At the park, we rent two bikes.

My father teaches me to ride a bike.

My father makes me wear a helmet.

We have a fun time in the park.

We are tired on our way back home.

We take a taxi.

1. 이야기의 순서대로 그림 아래에 1 ~ 4의 숫자를 써넣으세요.

2. Why do my father and I take a bus to the park?

→ Because my father does not _____.

정답 및 해석 >> p41

Quick Check

● Day 06에서 학습한 단어들을 듣고 쓴 후, 그 단어의 우리말 뜻을 쓰세요.

1   →

2   →

3   →

4   →

5   →

6   →

7   →

8   →

9   →

10   →

✎ 틀린 단어 써보기

DAY 07 Transportation (2) 교통수단 (2)

Step 1 듣고 따라하기

다음은 Day 07에서 공부할 10개의 단어입니다. 모든 단어는 세 번씩 읽어줍니다.
단어 아래 표기된 ❶, ❷, ❸에 ✓ 표시하며 큰 소리로 따라하세요.

0961	0962	0963
vehicle	**train**	**subway**
탈 것	기차	지하철
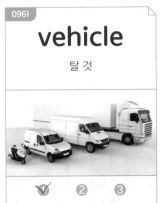		
✓ ❷ ❸	❶ ❷ ❸	❶ ❷ ❸

0964	0965	0966	0967
hurry	**carry**	**station**	**service**
서두름; 서두르다	~을 나르다	기차역	서비스, 봉사
		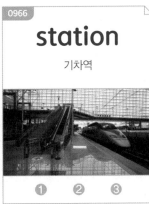	
❶ ❷ ❸	❶ ❷ ❸	❶ ❷ ❸	❶ ❷ ❸

0968	0969	0970
ambulance	**fire engine**	**police car**
구급차	소방차	경찰차
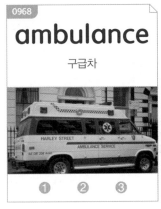	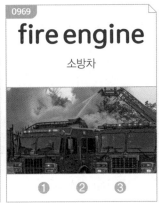	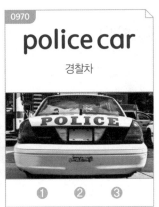
❶ ❷ ❸	❶ ❷ ❸	❶ ❷ ❸

보기

| subway | ambulance | station | hurry | police car |
| vehicle | service | fire engine | carry | train |

A 들려주는 영어 단어를 보기에서 찾아 쓰고, 그 아래 빈칸에 단어에 해당하는 사진의 번호를 쓰세요.

1

2

3

4

B 들려주는 영어 단어를 보기에서 찾아 쓰고, 괄호 안에서 알맞은 뜻을 고르세요.

1

(구급차 / 소방차)

2

(서비스, 봉사 / 지하철)

3

(경찰차 / 구급차)

4

(서두르다 / ~을 나르다)

5

(탈 것 / 기차)

6

(경찰차 / 소방차)

C 다음 사진을 보고, 빈칸에 우리말 뜻을 쓰고 영어 단어를 완성하세요.

1  → [ ] → a ☐☐☐ l ☐☐ c e

2  → [ ] → f ☐☐☐ e n ☐☐☐☐

3  → [경찰차] → p o ☐☐☐☐ c a r

4  → [ ] → c ☐☐☐☐

5 → [탈것] → v ☐☐☐ c l e

D 다음 우리말을 표현한 영어 문장의 빈칸을 완성하세요.

1 서두르지 말고 천천히 하세요. → Do not h_____ and take your time.

2 지하철로 20분 걸립니다. → It takes 20 minutes by s_____y.

3 나는 역에서 친구를 만납니다. → I meet my friend at the s t_____n.

4 그녀는 런던까지 기차를 탑니다. → She takes the t_____n to London.

5 택시 서비스가 있습니까? → Do you have a taxi s e r_____?

E 다음을 듣고 빈칸을 채워 문장을 완성한 후, 큰 소리로 따라하세요.

1 We can use and see ☐ ☐ every day.

우리는 매일 서비스 차량들을 이용하고 볼 수 있습니다.

2 We can travel by buses, ☐ , and ☐ .

우리는 버스, 기차, 그리고 지하철을 타고 이동할 수 있습니다.

3 Sick people need the help of an ☐ .

아픈 사람들은 구급차의 도움이 필요합니다.

4 They ☐ sick people to the hospital.

그것들은 아픈 사람들을 병원으로 실어갑니다.

5 A ☐ has a ladder and a water hose.

소방차는 사다리와 물 호스를 가지고 있습니다.

6 A ☐ runs to the place of the accident.

경찰차는 사고 장소로 달려갑니다.

📓 **Expressions**
- every day : 매일
- travel by : ~로[타고] 이동하다
- sick : 아픈

F 다음 글을 읽고, 물음에 답하세요. 2번은 글에 쓰인 표현을 사용해 답하세요.

Service Vehicles

We can use and see service vehicles every day.

We can travel by buses, trains, and subways.

We can see emergency vehicles like ambulances, police cars and fire engines.

Sick people need the help of an ambulance.

Most ambulances are trucks with high roofs.

They carry sick people to the hospital.

A fire engine has a ladder and a water hose.

Firefighters use them to fight fire.

A police car runs to the place of the accident.

People can hear the sirens of the police car.

1. 다음을 읽고, 윗글의 내용과 일치하면 T를, 일치하지 않으면 F를 쓰세요.

a. A bus and a taxi are not service vehicles.	
b. An ambulance takes sick people to the hospital.	
c. A police car runs to the place of the fire.	

2. What does a fire engine have?

→ It has _____.

정답 및 해석 >> p42

Quick Check

● Day 07에서 학습한 단어들을 듣고 쓴 후, 그 단어의 우리말 뜻을 쓰세요.

1   ➡

2   ➡

3   ➡

4   ➡

5   ➡

6   ➡

7   ➡

8   ➡

9   ➡

10   ➡

✎ 틀린 단어 써보기

DAY 08 Transportation (3) 교통수단 (3)

 Step 1 듣고 따라하기

다음은 Day 08에서 공부할 10개의 단어입니다. 모든 단어는 세 번씩 읽어줍니다.
단어 아래 표기된 ❶, ❷, ❸에 ✔ 표시하며 큰 소리로 따라하세요.

0971

boat
(작은) 배, 보트

✔ ❷ ❸

0972

ship
(큰) 배, 선박

❶ ❷ ❸

0973

yacht
요트

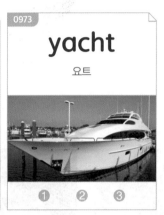

❶ ❷ ❸

0974

sail
항해하다

❶ ❷ ❸

0975

airplane
비행기

❶ ❷ ❸

0976

helicopter
헬리콥터

❶ ❷ ❸

0977

jet
제트기

❶ ❷ ❸

💡 TIPS airplane은 plane으로 줄여 표현하기도 해요.

0978

speed
속도

❶ ❷ ❸

0979

fuel
연료

❶ ❷ ❸

0980

gas
가스, 기체, 휘발유

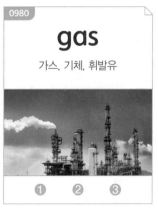

❶ ❷ ❸

보기

| jet | sail | boat | speed | airplane |
| gas | fuel | ship | yacht | helicopter |

A 들려주는 영어 단어를 (보기)에서 찾아 쓰고, 그 아래 빈칸에 단어에 해당하는 사진의 번호를 쓰세요.

1 _____

2 _____

3 _____

4 _____

B 들려주는 영어 단어를 (보기)에서 찾아 쓰고, 괄호 안에서 알맞은 뜻을 고르세요.

1

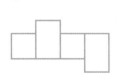

((큰) 배, 선박 / 요트)

2

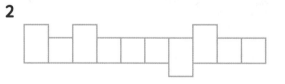

(제트기 / 헬리콥터)

3

(제트기 / 속도)

4

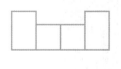

(항해하다 / 연료)

5

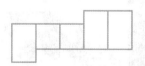

(요트 / 비행기)

6

(휘발유 / 선박)

C　다음 사진을 보고, 빈칸에 우리말 뜻을 쓰고 영어 단어를 완성하세요.

1　
　→ [　　　　] → s ☐☐☐

2　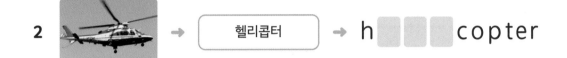
　→ [헬리콥터] → h ☐☐☐ c o p t e r

3　→ [제트기] → ☐☐ t

4　→ [가스, 기체, 휘발유] → g ☐☐

5　
　→ [　　　　] → y a ☐☐☐

D　다음 우리말을 표현한 영어 문장의 빈칸을 완성하세요.

1　우리는 자동차에 연료를 넣습니다.　➡ We put f_____ in the car.

2　그 자동차는 낮은 속도로 이동합니다.　➡ The car moves at a low s_____.

3　그들은 전 세계를 항해합니다.　➡ They s_____ around the world.

4　보트 한 대가 호수 위에 있습니다.　➡ A b_____ is on the lake.

5　그녀는 파리로 가는 비행기에 타고 있습니다.　➡ She is on the a_____ p l_____ to Paris.

E 다음을 듣고 빈칸을 채워 문장을 완성한 후, 큰 소리로 따라하세요.

1 They _____ to another land on a _____ .

그들은 배를 타고 또 다른 나라로 항해합니다.

2 The waves break the _____ .

파도가 배를 부숩니다.

3 The tiny people make him a _____ .

그 아주 작은 사람들은 그에게 보트를 만들어줍니다.

4 They make a big _____ .

그들은 큰 요트를 만듭니다.

5 He can _____ home.

그는 집으로 항해할 수 있습니다.

6 It moves at a low _____ .

그것은 낮은 속도로 움직입니다.

7 With the _____ , he returns to his home.

그 요트로 그는 자신의 집에 돌아갑니다.

📝 **Expressions**
- wave : 파도
- break : 깨다, 부수다
- tiny : 아주 작은
- low : 낮은; 낮게

F 다음 글을 읽고, 물음에 답하세요. 2번은 글에 쓰인 표현을 사용해 답하세요.

Gulliver's Travels

Gulliver sails to another land on a ship.

Soon, the weather gets very bad.

It is stormy and the waves are very big.

The waves break the ship and Gulliver jumps into the sea.

He arrives at a beach and meets tiny people there.

The king of the land gives some food to him.

He is happy there. But soon he wants to go back to his home.

The tiny people make him a boat. But, it is too small.

Gulliver cuts down big trees. He gives them to the tiny people.

They make a big yacht. Gulliver can sail home.

It moves at a low speed.

But with the yacht, Gulliver returns to his home.

1. 다음을 읽고, 윗글의 내용과 일치하면 T를, 일치하지 않으면 F를 쓰세요.

a. Gulliver meets tiny people at the beach.	
b. Gulliver is sad in the land of the tiny people.	
c. Gulliver can return to his home in a small boat.	

2. Why does Gulliver jump into the sea?

➡ Becauses the waves _____ .

정답 및 해석 >> p43

Quick Check

● Day 08에서 학습한 단어들을 듣고 쓴 후, 그 단어의 우리말 뜻을 쓰세요.

1 _____ ➡ _____

2 _____ ➡ _____

3 _____ ➡ _____

4 _____ ➡ _____

5 _____ ➡ _____

6 _____ ➡ _____

7 _____ ➡ _____

8 _____ ➡ _____

9 _____ ➡ _____

10 _____ ➡ _____

✎ 틀린 단어 써보기

_____

_____

_____

DAY 09

Hobbies (1) 취미 (1)

Step > 1 들고 따라하기

다음은 Day 09에서 공부할 10개의 단어입니다. 모든 단어는 세 번씩 읽어줍니다.
단어 아래 표기된 ❶, ❷, ❸에 ✔ 표시하며 큰 소리로 따라하세요.

0981
game
게임, 경기

① ② ③

0982
hunt
사냥하다

① ② ③

0983
Internet
인터넷

① ② ③

💡**TIPS** film은 좀 더 예술적인 영화에, movie는 보다 대중적인 영화에 사용해요.

0984
film
영화; 촬영하다

① ② ③

0985
movie
영화

① ② ③

0986
drama
드라마, 극

① ② ③

0987
photo
사진

① ② ③

0988
magic
마술

① ② ③

0989
stamp
우표

① ② ③

0990
album
앨범, 사진첩

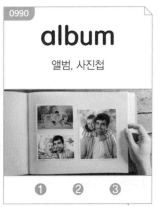

① ② ③

album	photo	Internet	game	movie
magic	stamp	hunt	film	drama

A 들려주는 영어 단어를 (보기)에서 찾아 쓰고, 그 아래 빈칸에 단어에 해당하는 사진의 번호를 쓰세요.

1

2

3

4

B 들려주는 영어 단어를 (보기)에서 찾아 쓰고, 괄호 안에서 알맞은 뜻을 고르세요.

1

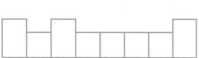

(인터넷 / 영화)

2

(드라마, 극 / 게임, 경기)

3

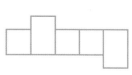

(사진첩 / 우표)

4

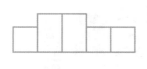

(사진첩 / 사진)

5

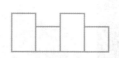

(게임, 경기 / 영화; 촬영하다)

6

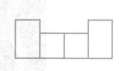

(사냥하다 / 우표)

C 다음 사진을 보고, 빈칸에 우리말 뜻을 쓰고 영어 단어를 완성하세요.

1  ➡ [   ] ➡ h ☐☐☐

2 ➡ [드라마, 극] ➡ d ☐☐☐ a

3 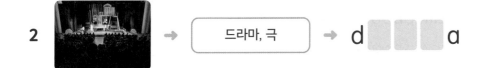 ➡ [우표] ➡ s ☐☐☐ p

4  ➡ [   ] ➡ al ☐☐☐

5  ➡ [   ] ➡ fi ☐☐

D 다음 우리말을 표현한 영어 문장의 빈칸을 완성하세요.

1 당신은 그 영화를 재미있게 봤나요? ➡ Did you enjoy the m_____ ?

2 이것은 나의 개의 사진입니다. ➡ This is a _____ to of my dog.

3 우리는 학교에서 인터넷을 사용합니다. ➡ We use the In_____ at school.

4 나는 그 마술쇼의 표가 있습니다. ➡ I have a ticket for the m_____ show.

5 그녀는 여동생과 게임을 합니다. ➡ She plays a _____ e with her sister.

E 다음을 듣고 빈칸을 채워 문장을 완성한 후, 큰 소리로 따라하세요.

1 The first club is the ☐ club.

첫 번째 동아리는 영화 동아리입니다.

2 You can watch and talk about many famous ☐.

여러분은 많은 유명한 영화들을 보고 그것들에 대해 이야기할 수 있습니다.

3 You can learn ☐ from the members of the club.

여러분은 그 동아리의 회원들에게서 마술을 배울 수 있습니다.

4 Photo club members will take ☐ of the show.

사진 동아리 회원들이 그 쇼의 사진을 찍을 것입니다.

5 They will make an ☐ for you.

그들은 여러분에게 앨범을 만들어줄 것입니다.

6 Do you like playing computer ☐?

여러분은 컴퓨터 게임하는 것을 좋아하나요?

📝 **Expressions**

• **famous** : 유명한

• **learn** : 배우다

• **member** : 회원, 구성원

• **take a photo** : 사진을 찍다

F 다음 글을 읽고, 물음에 답하세요. 2번은 글에 쓰인 표현을 사용해 답하세요.

Our School's Clubs

What is your hobby?

Join a school club. Find friends with the same hobby.

The first club is the movie club.

You can watch and talk about many famous films.

The second club is the magic club.

You can learn magic from the members of the club.

You will perform at the school magic show.

Photo club members will take photos of the show.

They will make an album for you.

Do you like playing computer games?

How about joining the computer game club?

Our school also has writing, reading, music, and dance clubs.

Join a club today!

1. 다음을 읽고, 윗글의 내용과 일치하면 T를, 일치하지 않으면 F를 쓰세요.

a. We meet friends with the same hobby in a school club.	
b. Magic club members make an album of the magic show.	
c. Our school has a reading club, too.	

2. What can the members do in the movie club?

➡ They can _____.

정답 및 해석 >> p44

Quick Check

● Day 09에서 학습한 단어들을 듣고 쓴 후, 그 단어의 우리말 뜻을 쓰세요.

1   ➡

2   ➡

3   ➡

4   ➡

5   ➡

6   ➡

7   ➡

8   ➡

9   ➡

10   ➡

✍ 틀린 단어 써보기

Hobbies (2) 취미 (2)

다음은 Day 10에서 공부할 10개의 단어입니다. 모든 단어는 세 번씩 읽어줍니다.
단어 아래 표기된 ❶, ❷, ❸에 ✓ 표시하며 큰 소리로 따라하세요.

0991	0992	0993
relax	**stay**	**visit**
휴식을 취하다	머무르다, 지내다	방문하다

✓ ❷ ❸	❶ ❷ ❸	❶ ❷ ❸

0994	0995	0996	0997
bake	**compose**	**invent**	**surf**
(음식을) 굽다	작곡하다	발명하다	파도타기를 하다, 인터넷을 검색하다
	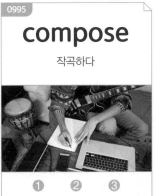		
❶ ❷ ❸	❶ ❷ ❸	❶ ❷ ❸	❶ ❷ ❸

0998	0999	1000
fishing	**magazine**	**match**
낚시	잡지	경기, 시합

❶ ❷ ❸	❶ ❷ ❸	❶ ❷ ❸

보기

fishing	invent	stay	relax	match
surf	compose	magazine	bake	visit

A 들려주는 영어 단어를 보기에서 찾아 쓰고, 그 아래 빈칸에 단어에 해당하는 사진의 번호를 쓰세요.

1

2

3

4

B 들려주는 영어 단어를 보기에서 찾아 쓰고, 괄호 안에서 알맞은 뜻을 고르세요.

1

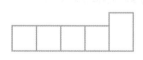

(방문하다 / 머무르다)

2

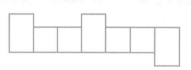

(경기, 시합 / 낚시)

3

(파도타기를 하다 / 휴식을 취하다)

4

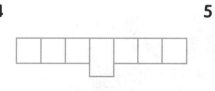

(발명하다 / 작곡하다)

5

(경기, 시합 / 잡지)

6

((음식을) 굽다 / 발명하다)

C 다음 사진을 보고, 빈칸에 우리말 뜻을 쓰고 영어 단어를 완성하세요.

1  → [　　　　] → s ▢▢▢

2 → [　　　　] → ▢▢▢▢ n t

3  → [작곡하다] → c ▢▢▢▢ s e

4  → [낚시] → f i ▢▢▢▢ g

5  → [　　　　] → v i ▢▢▢

D 다음 우리말을 표현한 영어 문장의 빈칸을 완성하세요.

1 그들은 해변에서 휴식을 취합니다. → They r_____ on the beach.

2 그녀는 호텔에서 머뭅니까? → Does she s_____ at the hotel?

3 나는 스포츠 잡지를 읽습니다. → I read a sports m_____ i n e .

4 우리는 매일 빵을 굽습니다. → We b_____ bread every day.

5 일요일에 테니스 경기가 있습니다. → There is a tennis m_____ on Sunday.

E 　다음을 듣고 빈칸을 채워 문장을 완성한 후, 큰 소리로 따라하세요.

1 I ☐ my grandparents.

나는 할머니 할아버지를 방문합니다.

2 I ☐ with them and just ☐ there.

나는 그들과 머무르며 그곳에서 그냥 쉽니다.

3 We ☐ or go ☐ .

우리는 서핑을 하거나 낚시를 합니다.

4 I lie on the sand and read ☐ .

나는 모래에 누워서 잡지를 읽습니다.

5 I ☐ cookies with my mom.

나는 나의 엄마와 쿠키를 굽습니다.

6 I like to ☐ things in my free time.

나는 여가 시간에 물건들을 발명하는 것을 좋아합니다.

📝 **Expressions**
- lie : 눕다
- thing : 물건
- free time : 여가 시간

F 다음 글을 읽고, 물음에 답하세요. 2번은 글에 쓰인 표현을 사용해 답하세요.

In Free Time

What do you do in your free time?

Kate　I visit my grandparents.

They live in a country village.

I stay with them and just relax there.

Noah　I go to the beach with my dad. We surf or go fishing.

Also, I lie on the sand and read magazines.

Joan　I bake cookies with my mom.

I often give them to my cousins or my classmates.

Alan　I like to invent things in my free time.

I invented the "curtain lamp" last year.

1. 이야기의 순서대로 그림 아래에 1 ~ 4의 숫자를 써넣으세요.

2. Who does Joan give her cookies to?

➡ She gives them _____ .

A 다음 사진에 해당하는 영어 단어를 고르세요.

1

[ship / airplane]

2

[relax / carry]

3

[sail / bake]

4

[hunt / film]

5

[ambulance / station]

6

[train / yacht]

B 다음 영어 단어와 우리말 뜻을 선으로 연결하세요.

1	hurry	연료
2	fuel	영화
3	invent	승객
4	movie	발명하다
5	ride	(자전거 등을) 타다
6	match	경기, 시합
7	passenger	서두름; 서두르다

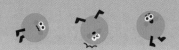

C 다음 사진에 해당하는 영어 단어를 보기 에서 골라 쓰세요.

보기

| bus | bike | station | album |
| surf | photo | fishing | fire engine |

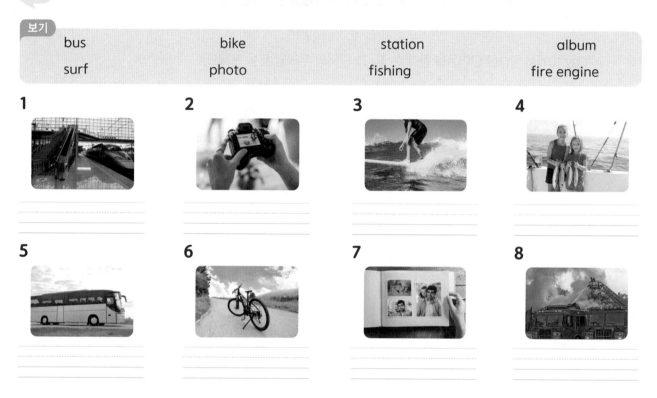

1

2

3

4

5

6

7

8

D 다음 우리말을 영어로 옮길 때, 빈칸에 알맞은 말을 보기 에서 골라 쓰세요.

보기

| compose | Internet | visit | taxi | drive |

1 나는 밤에는 운전하지 않습니다. → I do not .... at night.

2 우리는 주말마다 할머니 댁을 방문합니다. → We .... our grandma every weekend.

3 나는 여가 시간에 작곡을 합니다. → I .... music in my free time.

4 그는 택시를 기다립니다. → He waits for a ....

5 그녀는 인터넷으로 영화를 봅니다. → She watches movies on the ....

정답 및 해석 >> p46

Quick Check

● Day 10에서 학습한 단어들을 듣고 쓴 후, 그 단어의 우리말 뜻을 쓰세요.

1   ➡

2   ➡

3   ➡

4   ➡

5   ➡

6   ➡

7   ➡

8   ➡

9   ➡

10   ➡

✎ 틀린 단어 써보기

School Activities (1)
학교생활 (1)

Step > 1 듣고 따라하기

다음은 Day 11에서 공부할 10개의 단어입니다. 모든 단어는 세 번씩 읽어줍니다.
단어 아래 표기된 ❶, ❷, ❸에 ✔ 표시하며 큰 소리로 따라하세요.

1001	1002	1003
stand	**sit**	**help**
서다, 일어서다	앉다	돕다; 도움

① ② ③　① ② ③　① ② ③

1004	1005	1006	1007
close	**open**	**share**	**ask**
닫다, (책을) 덮다; 가까운	열다, (책을) 펴다; 열린	함께 쓰다, 나누다	묻다, 부탁하다

① ② ③　① ② ③　① ② ③　① ② ③

1008	1009	1010
read	**write**	**guess**
읽다	쓰다	추측하다, 알아맞히다; 추측

① ② ③　① ② ③　① ② ③

sit	share	write	ask	guess
help	open	close	read	stand

A 들려주는 영어 단어를 보기에서 찾아 쓰고, 그 아래 빈칸에 단어에 해당하는 사진의 번호를 쓰세요.

1

2

3

4

B 들려주는 영어 단어를 보기에서 찾아 쓰고, 괄호 안에서 알맞은 뜻을 고르세요.

1

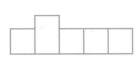

(서다 / 함께 쓰다)

2

(부탁하다 / 추측하다)

3

(읽다 / 쓰다)

4

(쓰다 / 알아맞히다)

5

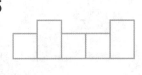

(닫다 / 일어서다)

6

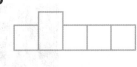

(나누다 / 닫다, 덮다)

C 다음 사진을 보고, 빈칸에 우리말 뜻을 쓰고 영어 단어를 완성하세요.

1 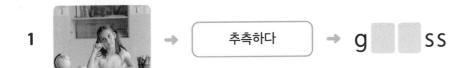 → | 추측하다 | → g □ □ s s

2 → | | → □ □ i t □

3 → | 닫다 | → □ □ o s □

4 → | | → r □ □ d

5 → | | → s □ □ □ d

D 다음 우리말을 표현한 영어 문장의 빈칸을 완성하세요.

1 나의 우산을 같이 씁시다. → Let's _____ r e my umbrella.

2 은행이 언제 문을 엽니까? → When does the bank _____ ?

3 그는 낮은 의자에 앉습니다. → He _____ s in a low chair.

4 제가 당신을 어떻게 도와드릴까요? → How can I _____ you?

5 제가 당신의 이름을 여쭤봐도 될까요? → Can I _____ your name?

E 다음을 듣고 빈칸을 채워 문장을 완성한 후, 큰 소리로 따라하세요.

1 [_____] toys and books.

장난감과 책을 함께 쓰세요.

2 [_____] before you take toys or books.

장난감이나 책을 가져가기 전에 물어보세요.

3 Use kind words and [_____] your friends.

친절한 말을 사용하고 여러분의 친구들을 도와주세요.

4 [_____] in line and do not push people.

줄을 서고 사람들을 밀치지 마세요.

5 Do not [_____] on the desk.

책상 위에 앉지 마세요.

6 Speak and [_____] in a loud voice.

큰 목소리로 말하고 읽으세요.

7 [_____] the book before the class begins.

수업이 시작하기 전에 책을 펴세요.

> 📝 **Expressions**
> • stand in line : 줄을 서다
> • push : 밀다
> • loud : 큰
> • voice : 목소리

F 다음 글을 읽고, 물음에 답하세요. 2번은 글에 쓰인 표현을 사용해 답하세요.

Classroom Rules

We need rules to get along well together.

What are your classroom rules?

1. Share toys and books.

2. Ask before you take toys or books.

3. Use kind words and help your friends.

4. Stand in line and do not push people.

5. Do not sit on the desk.

6. Speak and read in a loud voice.

7. Open the book before the class begins.

Keeping rules helps us have a happy school life.

Please keep the rules!

1. 다음을 읽고, 윗글에서 말한 학급 규칙의 내용과 일치하면 T를, 일치하지 않으면 F를 쓰세요.

a. We should not push people.	
b. We should not speak in a loud voice.	
c. We should open the book before the class begins.	

2. Why should we keep classroom rules?

➡ Because keeping classroom rules helps us _____.

정답 및 해석 >> p47

Quick Check

● Day 11에서 학습한 단어들을 듣고 쓴 후, 그 단어의 우리말 뜻을 쓰세요.

1 ＿＿＿＿＿＿＿＿＿＿ → ＿＿＿＿＿＿＿＿＿＿

2 ＿＿＿＿＿＿＿＿＿＿ → ＿＿＿＿＿＿＿＿＿＿

3 ＿＿＿＿＿＿＿＿＿＿ → ＿＿＿＿＿＿＿＿＿＿

4 ＿＿＿＿＿＿＿＿＿＿ → ＿＿＿＿＿＿＿＿＿＿

5 ＿＿＿＿＿＿＿＿＿＿ → ＿＿＿＿＿＿＿＿＿＿

6 ＿＿＿＿＿＿＿＿＿＿ → ＿＿＿＿＿＿＿＿＿＿

7 ＿＿＿＿＿＿＿＿＿＿ → ＿＿＿＿＿＿＿＿＿＿

8 ＿＿＿＿＿＿＿＿＿＿ → ＿＿＿＿＿＿＿＿＿＿

9 ＿＿＿＿＿＿＿＿＿＿ → ＿＿＿＿＿＿＿＿＿＿

10 ＿＿＿＿＿＿＿＿＿＿ → ＿＿＿＿＿＿＿＿＿＿

✐ 틀린 단어 써보기

School Activities (2)
학교생활 (2)

학습한 날 : _____ / _____

Step › 1 듣고 따라하기

다음은 Day 12에서 공부할 10개의 단어입니다. 모든 단어는 세 번씩 읽어줍니다.
단어 아래 표기된 ❶, ❷, ❸에 ✔ 표시하며 큰 소리로 따라하세요.

1011
question
질문, 문제
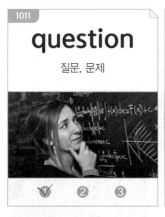
✔ ❷ ❸

1012
answer
대답; 대답하다
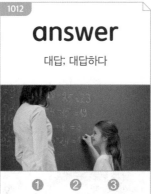
❶ ❷ ❸

1013
learn
배우다

❶ ❷ ❸

1014
repeat
반복하다
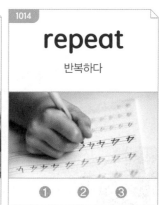
❶ ❷ ❸

1015
note
메모, 필기

❶ ❷ ❸

1016
line
줄, 선
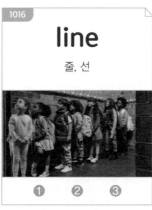
❶ ❷ ❸

1017
memory
기억, 기억력

❶ ❷ ❸

1018
absent
결석한

❶ ❷ ❸

1019
group
모둠, 단체

❶ ❷ ❸

1020
member
회원, 구성원

❶ ❷ ❸

보기

learn	group	absent	memory	line
note	member	repeat	question	answer

A 들려주는 영어 단어를 보기 에서 찾아 쓰고, 그 아래 빈칸에 단어에 해당하는 사진의 번호를 쓰세요.

1

2

3

4

B 들려주는 영어 단어를 보기 에서 찾아 쓰고, 괄호 안에서 알맞은 뜻을 고르세요.

1

(대답하다 / 배우다)

2

(반복하다 / 대답하다)

3

(회원 / 기억(력))

4

(단체 / 구성원)

5

(결석한 / 반복하다)

6

(대답 / 질문)

C 다음 사진을 보고, 빈칸에 우리말 뜻을 쓰고 영어 단어를 완성하세요.

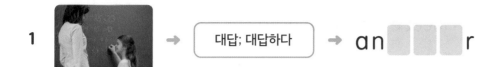

1 → 대답; 대답하다 → a n ☐☐☐ r

2 → 기억, 기억력 → m ☐☐ o r ☐

3 → ☐☐☐☐☐☐ → l ☐☐☐ n

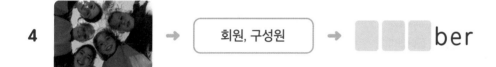

4 → 회원, 구성원 → ☐☐☐ b e r

5 → ☐☐☐☐☐☐ → ☐☐ s ☐ n t

D 다음 우리말을 표현한 영어 문장의 빈칸을 완성하세요.

1 그 질문을 반복해주실 수 있나요? → Can you re_____t the question?

2 우리 모둠은 금요일 오전에 만납니다. → Our g_____p meets on Friday mornings.

3 이제, 그들은 답을 압니다. → Now, they know the an_____r .

4 시험 날짜를 메모해두세요. → Please make a _____e of the test dates.

5 제가 질문 하나 해도 될까요? → Can I ask you a _____tion ?

E 다음을 듣고 빈칸을 채워 문장을 완성한 후, 큰 소리로 따라하세요.

1 All the [   ] meet every Wednesday at 2 o'clock.

모든 회원들은 매주 수요일 2시에 만납니다.

2 We [   ] after Mr. Miller.

우리는 Miller 선생님을 따라 말합니다.

3 We take [   ] on the story.

우리는 그 이야기에 대해 메모합니다.

4 Mr. Miller asks [   ] about it in English.

Miller 선생님은 그것에 대해 영어로 질문들을 물어봅니다.

5 We [   ] him in English.

우리는 영어로 그에게 대답합니다.

6 We can [   ] English a lot.

우리는 영어를 많이 배울 수 있습니다.

📝 **Expressions**

- all : 모든
- repeat after : ~를 따라하다
- take notes on : ~에 대해 메모하다
- in English : 영어로
- a lot : 많이

F 다음 글을 읽고, 물음에 답하세요. 2번은 글에 쓰인 표현을 사용해 답하세요.

My English Club at School

I am a member of the English club at my school.

Mr. Miller is the teacher of the English club.

All the members meet every Wednesday at 2 o'clock.

Mr. Miller gives a story to us.

We read the story. We repeat after Mr. Miller.

We take notes on the story.

Mr. Miller asks questions about it in English.

We answer him in English.

We can learn English a lot.

We can also understand the story well.

1. 다음을 읽고, 윗글의 내용과 일치하면 T를, 일치하지 않으면 F를 쓰세요.

a. English club members meet once a week.	
b. The members read a story in their home.	
c. The teacher asks questions in English.	

2. When do the members of the English club meet?

➡ They meet _____ .

정답 및 해석 >> p48

Quick Check

● Day 12에서 학습한 단어들을 듣고 쓴 후, 그 단어의 우리말 뜻을 쓰세요.

1   ➡

2   ➡

3   ➡

4   ➡

5   ➡

6   ➡

7   ➡

8   ➡

9   ➡

10   ➡

✎ 틀린 단어 써보기

Shopping 쇼핑

Step > 1 듣고 따라하기

다음은 Day 13에서 공부할 10개의 단어입니다. 모든 단어는 세 번씩 읽어줍니다.
단어 아래 표기된 ❶, ❷, ❸에 ✓ 표시하며 큰 소리로 따라하세요.

1021	1022	1023	1024
form	**grocery store**	**sell**	**cost**
서식, 양식	식료품 가게	팔다	(비용이) ~ 이다[들다]

❶ ❷ ❸   ❶ ❷ ❸   ❶ ❷ ❸   ❶ ❷ ❸

1025	1026	1027
store	**clerk**	**customer**
가게, 상점	점원, 직원	고객

❶ ❷ ❸   ❶ ❷ ❸   ❶ ❷ ❸

💡TIPS Shop은 한 가지 물건이나 서비스를 파는 곳을 말한다면, store는 다양한 품목을 파는 곳을 가리켜요.

1028	1029	1030
design	**refund**	**exchange**
디자인; 디자인하다	환불(금); 환불하다	교환; 교환하다

❶ ❷ ❸   ❶ ❷ ❸   ❶ ❷ ❸

보기

| clerk | store | refund | sell | grocery store |
| form | design | customer | cost | exchange |

A 들려주는 영어 단어를 보기에서 찾아 쓰고, 그 아래 빈칸에 단어에 해당하는 사진의 번호를 쓰세요.

1

2

3

4

B 들려주는 영어 단어를 보기에서 찾아 쓰고, 괄호 안에서 알맞은 뜻을 고르세요.

1
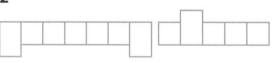
(교환하다 / 팔다)

2
(식료품 가게 / 고객)

3
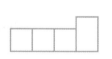
((비용이) 들다 / 환불금)

4
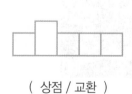
(상점 / 교환)

5
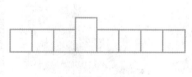
(점원 / 고객)

6
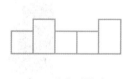
(고객 / 직원)

C 다음 사진을 보고, 빈칸에 우리말 뜻을 쓰고 영어 단어를 완성하세요.

1  → [　　　] → c [ ] [ ] t [ ] mer

2 → [서식, 양식] → f [ ] [ ] m

3  → [가게, 상점] → st [ ] [ ] e

4 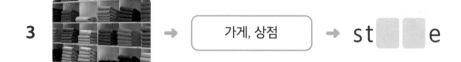 → [　　　] → [ ] [ ] ch [ ] nge

5  → [(비용이) 들다] → [ ] o [ ] [ ]

D 다음 우리말을 표현한 영어 문장의 빈칸을 완성하세요.

1 한 여성이 점원과 이야기하고 있습니다. → A woman is talking to the c _ _ _ _ _ _ k .

2 제가 환불받을 수 있을까요? → Can I get a re _ _ _ _ _ _ _ _ ?

3 그녀는 식료품 가게에서 일합니다. → She works at a gro _ _ _ _ _ _ _ st _ _ _ _ e .

4 디자인이 매우 훌륭합니다. → The de _ _ _ _ _ _ _ is very good.

5 나는 나의 집을 팔고 싶습니다. → I want to _ _ _ _ _ _ _ my house.

E 다음을 듣고 빈칸을 채워 문장을 완성한 후, 큰 소리로 따라하세요.

1 They [ ] fresh fruit and vegetables.

그들은 신선한 과일과 채소들을 팝니다.

2 We go to the shoe [ ].

우리는 신발 가게에 갑니다.

3 The [ ] at the store is kind to [ ].

가게의 점원은 고객들에게 친절합니다.

4 We go to the clothes [ ].

우리는 옷 가게에 갑니다.

5 I like its colorful [ ] but the shirt is tight on me.

나는 그것의 화려한 디자인이 좋지만, 그 셔츠는 나에게 딱 붙습니다.

6 I [ ] my shirt for a large size.

나는 내 셔츠를 큰 사이즈로 교환합니다.

📝 **Expressions**
- colorful : 다채로운, 화려한
- tight : 딱 붙는
- large : 큰

F 다음 글을 읽고, 물음에 답하세요. 2번은 글에 쓰인 표현을 사용해 답하세요.

Shopping with Mom

I go shopping with my mom.

The grocery store sells fresh fruit and vegetables.

We buy them for our dinner.

Then, we go to the shoe store.

The clerk at the store is kind to customers.

My mother buys new shoes for me.

Next, we go to the clothes store.

I got a T-shirt for my birthday gift from my father.

I like its colorful design but the shirt is tight on me.

I exchange it for a large size.

I am tired but feel good.

1. 이야기의 순서대로 그림 아래에 1 ~ 3의 숫자를 써넣으세요.

2. What do I do at the clothes store?

➡ I _____.

정답 및 해석 >> p49

Quick Check

● Day 13에서 학습한 단어들을 듣고 쓴 후, 그 단어의 우리말 뜻을 쓰세요.

1   ➡

2   ➡

3   ➡

4   ➡

5   ➡

6   ➡

7   ➡

8   ➡

9   ➡

10   ➡

✏️ 틀린 단어 써보기

Health and Illness (1)
건강과 병 (1)

Step 1 듣고 따라하기

다음은 Day 14에서 공부할 10개의 단어입니다. 모든 단어는 세 번씩 읽어줍니다.

단어 아래 표기된 ❶, ❷, ❸에 ✔ 표시하며 큰 소리로 따라하세요.

1031

medicine
약, 의학

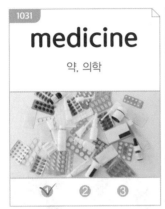

✔️ ❷ ❸

1032

pill
알약

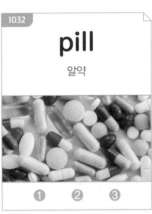

❶ ❷ ❸

1033

fit
(몸이) 건강한

❶ ❷ ❸

1034

sick
아픈, 병든

❶ ❷ ❸

1035

pale
창백한, 핼쑥한

❶ ❷ ❸

1036

fever
열

❶ ❷ ❸

1037

cough
기침; 기침하다

❶ ❷ ❸

1038

sneeze
재채기; 재채기하다

❶ ❷ ❸

1039

blood
피, 혈액

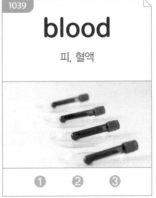

❶ ❷ ❸

1040

bone
뼈

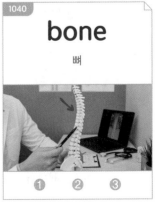

❶ ❷ ❸

보기

| fever | bone | sick | pill | pale |
| medicine | blood | fit | cough | sneeze |

A 들려주는 영어 단어를 보기 에서 찾아 쓰고, 그 아래 빈칸에 단어에 해당하는 사진의 번호를 쓰세요.

1
_____

2
_____

3
_____

4
_____

B 들려주는 영어 단어를 보기 에서 찾아 쓰고, 괄호 안에서 알맞은 뜻을 고르세요.

1
(창백한 / 아픈)

2
(혈액, 피 / 뼈)

3
(기침 / 약, 의학)

4
(열 / 창백한)

5
(재채기 / 기침)

6
(쑤시다 / 재채기하다)

C 다음 사진을 보고, 빈칸에 우리말 뜻을 쓰고 영어 단어를 완성하세요.

1 → [　　　　] → p ☐☐☐

2 → [재채기; 재채기하다] → s ☐☐☐ ze

3 → [　　　　] → b ☐☐☐

4 → [　　　　] → c ☐☐ g ☐

5 → [아픈] → si ☐☐

D 다음 우리말을 표현한 영어 문장의 빈칸을 완성하세요.

1 이 알약을 먹고 좀 쉬세요. ➡ Take this _____ and relax.

2 그의 무릎에서 피가 흐릅니다. ➡ B_____ flows from his knee.

3 너 창백해 보여. 괜찮니? ➡ You look _____. Are you okay?

4 나의 아빠는 젊고 건강해 보입니다. ➡ My dad looks young and _____.

5 이 약이 나에게 도움이 되지 않습니다. ➡ This med_____e is not helping me.

E 다음을 듣고 빈칸을 채워 문장을 완성한 후, 큰 소리로 따라하세요.

1 Are you feeling tired and looking ⬚ ?

당신은 피곤하고 창백해 보이나요?

2 Do you have a ⬚ ?

당신은 열이 있나요?

3 Do you ⬚ and ⬚ ?

당신은 재채기가 나고 기침을 하나요?

4 Take the ⬚ .

약을 드세요.

5 ⬚ and ⬚ into a paper tissue.

화장지에 재채기를 하고 기침하세요.

📝 **Expressions**
- **tired** : 피곤한
- **too** : 또한, 역시
- **take** : (약을) 먹다
- **paper tissue** : 화장지

F 다음 글을 읽고, 물음에 답하세요. 2번은 글에 쓰인 표현을 사용해 답하세요.

Do You Have a Cold?

Are you feeling tired and looking pale?

Do you have a fever? Do you sneeze and cough, too?

Oh, you have a bad cold. Here are some tips for you.

1. Take medicine.
2. Sneeze and cough into a paper tissue.
3. Wash your hands often with soap.
4. Do not share your towels with family members.
5. Stay at home and take a rest.
6. Eat healthy foods.
7. Drink hot lemon tea.

1. 다음을 읽고, 감기 걸렸을 때의 행동으로 윗글의 내용과 일치하면 T를, 일치하지 않으면 F를 쓰세요.

a. Wash your hands with warm water.	
b. Take a rest at home.	
c. Eat healthy foods and hot lemon tea.	

2. Where should you sneeze or cough?

➡ We should sneeze and cough _____.

정답 및 해석 >> p50

● Day 14에서 학습한 단어들을 듣고 쓴 후, 그 단어의 우리말 뜻을 쓰세요.

1 ➡

2 ➡

3 ➡

4 ➡

5 ➡

6 ➡

7 ➡

8 ➡

9 ➡

10 ➡

✍ 틀린 단어 써보기

Health and Illness (2)
건강과 병 (2)

Step 1 듣고 따라하기

다음은 Day 15에서 공부할 10개의 단어입니다. 모든 단어는 세 번씩 읽어줍니다.
단어 아래 표기된 ❶, ❷, ❸에 ✔ 표시하며 큰 소리로 따라하세요.

1041
keep
유지하다, 지키다

✔ ❷ ❸

1042
healthy
건강한, 건강에 좋은

❶ ❷ ❸

1043
well
건강한; 잘

❶ ❷ ❸

1044
patient
환자; 참을성 있는

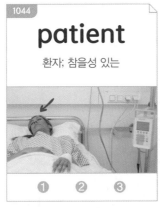

❶ ❷ ❸

1045
problem
문제

❶ ❷ ❸

1046
serious
심각한

❶ ❷ ❸

1047
ache
(계속적인) 아픔; 아프다

❶ ❷ ❸

1048
headache
두통

❶ ❷ ❸

1049
toothache
치통

❶ ❷ ❸

1050
stomachache
위통, 복통

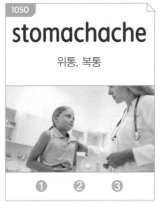

❶ ❷ ❸

| stomachache | well | problem | patient | toothache |
| headache | serious | ache | healthy | keep |

A 들려주는 영어 단어를 보기에서 찾아 쓰고, 그 아래 빈칸에 단어에 해당하는 사진의 번호를 쓰세요.

1

2

3

4

B 들려주는 영어 단어를 보기에서 찾아 쓰고, 괄호 안에서 알맞은 뜻을 고르세요.

1

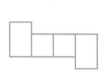

(유지하다 / 아프다)

2

(심각한 / 환자)

3

(복통 / 치통)

4

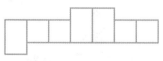

(문제 / 심각한)

5

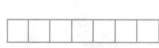

(심각한 / 참을성 있는)

6

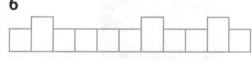

(복통 / 두통)

C 다음 사진을 보고, 빈칸에 우리말 뜻을 쓰고 영어 단어를 완성하세요.

1  → 유지하다, 지키다 → ⬜⬜ep

2  → 복통 → sto⬜⬜⬜ache

3 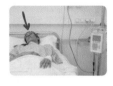 → [   ] → pa⬜⬜nt

4  → 심각한 → s⬜⬜⬜us

5  → [   ] → t⬜th⬜he

D 다음 우리말을 표현한 영어 문장의 빈칸을 완성하세요.

1 어젯밤에 잘 잤나요?
→ Did you sleep w_____ last night?

2 당근과 같이 몸에 좋은 음식을 드세요.
→ Eat h_____thy food like carrots.

3 대부분의 두통은 심각하지 않습니다.
→ Most headaches are not _____ri_____s .

4 나는 가끔 목에 통증이 있습니다.
→ I sometimes feel an a_____ in my neck.

5 감기도 건강상의 문제입니다.
→ Colds are also a health pro_____ .

E 다음을 듣고 빈칸을 채워 문장을 완성한 후, 큰 소리로 따라하세요.

1 I do not feel [   ].

나는 몸이 좋지 않습니다.

2 I have a [   ].

나는 열이 납니다.

3 My head and body [   ].

나는 머리와 몸이 아픕니다.

4 Do you have a [   ]?

당신은 배도 아프신가요?

5 It is not [   ], so don't worry.

심각하지 않으니, 걱정하지 마세요.

6 You need to take medicine for the [   ] and [   ].

당신은 열과 두통에 대한 약을 먹어야 합니다.

7 Drink a lot of water and eat [   ] foods.

물을 많이 마시고 건강에 좋은 음식을 드세요.

📝 **Expressions**

• **feel well** : 건강 상태가 좋다

• **worry** : 걱정하다

• **need to** : ~할 필요가 있다, ~해야 한다

• **take medicine for** : ~에 대한 약을 먹다

F 다음 글을 읽고, 물음에 답하세요. 2번은 글에 쓰인 표현을 사용해 답하세요.

Seeing a Doctor

Doctor   Come in. What is wrong with you?

Lisa   I do not feel well. I have a fever and my head aches.

Doctor   Hmm. Let me check you first.

Do you have a stomachache, too?

Lisa   No. But I sometimes cough.

Doctor   I think you have a cold. It is not serious, so don't worry.

You need to take medicine for the fever and headache.

Drink a lot of water and eat healthy foods.

Lisa   Okay. Thank you. Bye.

Doctor   Bye, I hope you will get well soon.

1. 이야기의 순서대로 그림 아래에 1 ～ 3의 숫자를 써넣으세요.

2. What is Lisa doing now?

➡ She is _____ .

Review

A 다음 사진에 해당하는 영어 단어를 고르세요.

1

[write / ask]

2

[serious / absent]

3

[refund / exchange]

4

[ache / fit]

5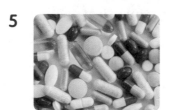

[pill / pale]

6

[design / sell]

B 다음 영어 단어와 우리말 뜻을 선으로 연결하세요.

1 answer •   • 고객

2 line •   • 환자; 참을성 있는

3 customer •   • 건강한; 잘

4 patient •   • 대답; 대답하다

5 well •   • 반복하다

6 repeat •   • 줄, 선

7 clerk •   • 점원, 직원

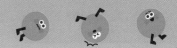

C 다음 사진에 해당하는 영어 단어를 보기 에서 골라 쓰세요.

보기

store	blood	close	medicine
cough	bone	healthy	stand

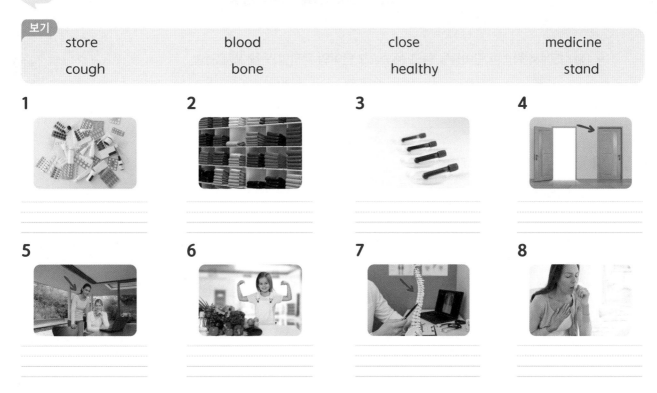

1

_____

2

_____

3

_____

4

_____

5

_____

6

_____

7

_____

8

_____

D 다음 우리말을 영어로 옮길 때, 빈칸에 알맞은 말을 보기 에서 골라 쓰세요.

보기

sick	memory	sneeze	learn	share

1 그녀는 기억력이 짧습니다.   ➡ She has a short _____.

2 우리는 그 사무실을 함께 씁니다.   ➡ We _____ the office.

3 그는 아파서 누워있습니다.   ➡ He is _____ in bed.

4 그는 크게 재채기합니다.   ➡ He gives a loud _____.

5 당신은 요리하는 것을 어디에서 배웠나요?   ➡ Where did you _____ to cook?

Quick Check

정답 및 해석 >> p52

● Day 15에서 학습한 단어들을 듣고 쓴 후, 그 단어의 우리말 뜻을 쓰세요.

1   ➡

2   ➡

3   ➡

4   ➡

5   ➡

6   ➡

7   ➡

8   ➡

9   ➡

10   ➡

✍ 틀린 단어 써보기

DAY 16 Earth (1) 지구 (1)

Step > 1 듣고 따라하기

다음은 Day 16에서 공부할 10개의 단어입니다. 모든 단어는 세 번씩 읽어줍니다.
단어 아래 표기된 ❶, ❷, ❸에 ✓ 표시하며 큰 소리로 따라하세요.

1051 **earth** 지구, 땅	1052 **island** 섬	1053 **cave** 동굴
 ✓ ❷ ❸	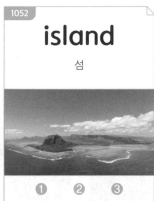 ❶ ❷ ❸	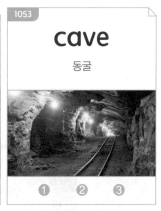 ❶ ❷ ❸
1054 **volcano** 화산	1055 **earthquake** 지진	1056 **desert** 사막
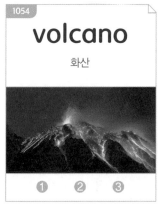 ❶ ❷ ❸	 ❶ ❷ ❸	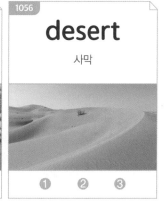 ❶ ❷ ❸

1057 **mountain** 산	1058 **hill** 언덕	1059 **jungle** 밀림, 정글	1060 **forest** 숲, 삼림
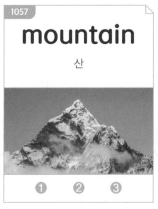 ❶ ❷ ❸	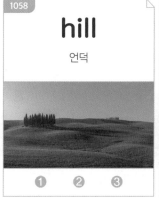 ❶ ❷ ❸	 ❶ ❷ ❸	 ❶ ❷ ❸

보기

| hill | cave | earthquake | earth | jungle |
| island | volcano | forest | desert | mountain |

A 들려주는 영어 단어를 보기에서 찾아 쓰고, 그 아래 빈칸에 단어에 해당하는 사진의 번호를 쓰세요.

1

2

3

4

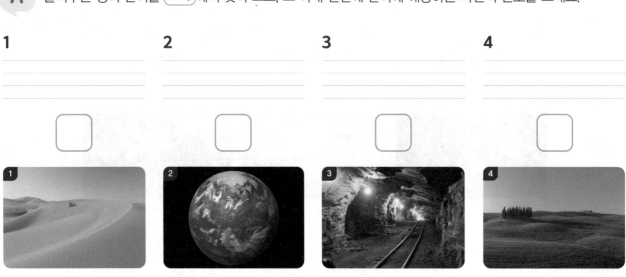

B 들려주는 영어 단어를 보기에서 찾아 쓰고, 괄호 안에서 알맞은 뜻을 고르세요.

1

(지진 / 삼림)

2

(사막 / 숲)

3

(언덕 / 밀림)

4

(언덕 / 산)

5

(밀림 / 섬)

6

(화산 / 지진)

C 다음 사진을 보고, 빈칸에 우리말 뜻을 쓰고 영어 단어를 완성하세요.

1  → [ ] → f □ □ □ st

2 → [ ] → □ □ □ and

3  → [밀림, 정글] → j □ □ □ l

4 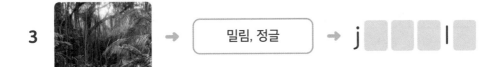 → [화산] → vol □ □ o

5  → [ ] → □ □ rth □ □ ke

D 다음 우리말을 표현한 영어 문장의 빈칸을 완성하세요.

1 이 동굴은 중국 가까이에 있습니다.　→ This c_____ is close to China.

2 사람들은 종종 사막에서 길을 잃습니다.　→ People often get lost in the de_____t.

3 지구는 태양 주위를 돕니다.　→ The _____th goes around the sun.

4 그 버스는 언덕 아래로 달립니다.　→ The bus runs down the h_____.

5 저 산은 정말 높습니다.　→ That m_____n t_____ is very high.

E 다음을 듣고 빈칸을 채워 문장을 완성한 후, 큰 소리로 따라하세요.

1 Japan is an ⬚ country.

일본은 섬나라입니다.

2 Some are still active ⬚.

몇몇은 여전히 활동하는 화산입니다.

3 The highest ⬚ is Mount Fuji.

가장 높은 산은 '후지산'입니다.

4 There are famous ⬚ near Mount Fuji.

'후지산' 근처에는 유명한 동굴들이 있습니다.

5 Japan also has many ⬚.

일본은 지진 또한 많이 일어납니다.

6 ⬚ cover a large part of Japan.

숲들이 일본의 많은 부분을 덮습니다.

📝 **Expressions**

• still : 여전히, 아직도
• active : 활동 중인
• the highest : 가장 높은
• famous : 유명한

F 다음 글을 읽고, 물음에 답하세요. 2번은 글에 쓰인 표현을 사용해 답하세요.

Japan, an Island Country

Japan is an island country. There are four large islands.

There are also over 6,800 small islands.

Mountains cover most of the land.

Some are still active volcanoes.

The highest mountain is Mount Fuji.

It is a sleeping volcano.

There are famous caves near Mount Fuji.

Japan also has many earthquakes.

Forests cover a large part of Japan.

You can see many animals there.

There are also many trees like cherry trees and bamboo trees.

1. 다음을 읽고, 윗글의 내용과 일치하면 T를, 일치하지 않으면 F를 쓰세요.

a. Japan has only four big islands.	
b. There are active volcanoes in Japan.	
c. Mount Fuji is the highest mountain in Japan.	

2. What can you see in the forest in Japan?

➡ We can see _____.

정답 및 해석 >> p53

Quick Check

● Day 16에서 학습한 단어들을 듣고 쓴 후, 그 단어의 우리말 뜻을 쓰세요.

1 _____ → _____

2 _____ → _____

3 _____ → _____

4 _____ → _____

5 _____ → _____

6 _____ → _____

7 _____ → _____

8 _____ → _____

9 _____ → _____

10 _____ → _____

✍ 틀린 단어 써보기

_____

_____

_____

DAY 17

Earth (2) 지구 (2)

 Step 1 듣고 따라하기

다음은 Day 17에서 공부할 10개의 단어입니다. 모든 단어는 세 번씩 읽어줍니다.
단어 아래 표기된 ❶, ❷, ❸에 ✓ 표시하며 큰 소리로 따라하세요.

1061	1062	1063	1064
nature	**soil**	**mud**	**dust**
자연	토양, 흙	진흙, 진흙탕	먼지
	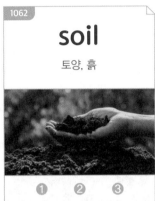		
✓ ❷ ❸	❶ ❷ ❸	❶ ❷ ❸	❶ ❷ ❸

1065	1066	1067
sea	**ocean**	**wave**
바다	대양, 바다	파도
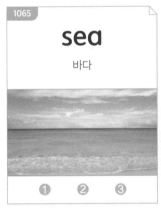		
❶ ❷ ❸	❶ ❷ ❸	❶ ❷ ❸

1068	1069	1070
river	**stream**	**valley**
강	개울, 시내	계곡, 골짜기
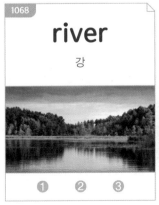		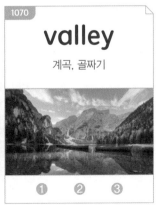
❶ ❷ ❸	❶ ❷ ❸	❶ ❷ ❸

보기

wave	valley	soil	sea	river
stream	nature	mud	ocean	dust

A 들려주는 영어 단어를 보기 에서 찾아 쓰고, 그 아래 빈칸에 단어에 해당하는 사진의 번호를 쓰세요.

1

2

3

4

B 들려주는 영어 단어를 보기 에서 찾아 쓰고, 괄호 안에서 알맞은 뜻을 고르세요.

1

(바다 / 대양)

2

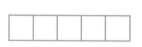

(계곡 / 강)

3

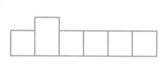

(골짜기 / 개울)

4

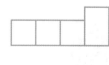

(토양 / 계곡)

5

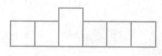

(흙 / 자연)

6

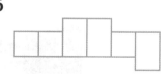

(계곡 / 대양)

C 다음 사진을 보고, 빈칸에 우리말 뜻을 쓰고 영어 단어를 완성하세요.

1  → [　　　] → □□□

2 → 강 → □□□ er

3 → [　　　] → na □□□□

4 → 개울, 시내 → □ t □□□ m

5 → 계곡, 골짜기 → v □ ll □□

D 다음 우리말을 표현한 영어 문장의 빈칸을 완성하세요.

1 세계의 오대양은 무엇인가요? → What are the five o _____ s of the world?

2 그녀는 옷에서 진흙을 씻어냅니다. → She washes the _____ from her clothes.

3 그 아이들이 파도 속에서 놀고 있습니다. → The kids are playing in the w_____ s .

4 그가 책에서 먼지를 입으로 불어냅니다. → He blows the _____ t off the book.

5 손으로 토양을 뒤집으세요. → Turn the s_____ over with your hands.

E 다음을 듣고 빈칸을 채워 문장을 완성한 후, 큰 소리로 따라하세요.

1 [_____] is everything around you. It is not made by people.

자연은 여러분 주위의 모든 것입니다. 그것은 사람들에 의해 만들어지지 않습니다.

2 [_____] is a mixture of [_____] and water.

진흙은 토양과 물의 혼합물입니다.

3 A [_____] is a small area of an [_____].

바다는 대양의 작은 구역입니다.

4 A [_____] is a large [_____] of water.

강은 물로 된 큰 개울입니다.

5 A [_____] is a low area between hills or mountains.

계곡은 언덕이나 산들 사이의 낮은 지역입니다.

📖 **Expressions**
- everything : 모든 것
- made by : ~에 의해 만들어진
- mixture : 혼합물
- area : 지역, 구역

F 다음 글을 읽고, 물음에 답하세요. 2번은 글에 쓰인 표현을 사용해 답하세요.

Questions and Answers about Nature

Q1 What is nature?

A Nature is everything around you. It is not made by people.

Q2 What is the difference between soil and mud?

A Mud is a mixture of soil and water.

Q3 What is the difference between a sea and an ocean?

A A sea is a small area of an ocean.

Q4 What is a stream, a river, and a valley?

A A river is a large stream of water.

A valley is a low area between hills or mountains.

It usually has a river or stream.

1. 다음을 읽고, 윗글의 내용과 일치하면 T를, 일치하지 않으면 F를 쓰세요.

a. People can sometimes make nature.	
b. A sea is a small part of an ocean.	
c. A valley is a high area between low mountains.	

2. What does a valley usually have?

➡ It usually has _____ .

정답 및 해석 >> p54

Quick Check

● Day 17에서 학습한 단어들을 듣고 쓴 후, 그 단어의 우리말 뜻을 쓰세요.

1 _____ ➡ _____

2 _____ ➡ _____

3 _____ ➡ _____

4 _____ ➡ _____

5 _____ ➡ _____

6 _____ ➡ _____

7 _____ ➡ _____

8 _____ ➡ _____

9 _____ ➡ _____

10 _____ ➡ _____

✎ 틀린 단어 써보기

_____
_____
_____

DAY 18

Space 우주

Step 1 듣고 따라하기

다음은 Day 18에서 공부할 10개의 단어입니다. 모든 단어는 세 번씩 읽어줍니다.
단어 아래 표기된 ❶, ❷, ❸에 ∨ 표시하며 큰 소리로 따라하세요.

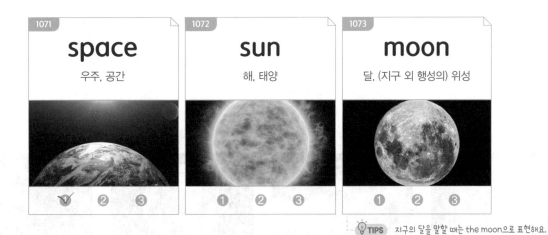

1071	1072	1073
space	**sun**	**moon**
우주, 공간	해, 태양	달, (지구 외 행성의) 위성
✓ ❷ ❸	❶ ❷ ❸	❶ ❷ ❸

💡 TIPS 지구의 달을 말할 때는 the moon으로 표현해요.

1074	1075	1076
star	**planet**	**float**
별, 항성	행성	떠가다, 뜨다
❶ ❷ ❸	❶ ❷ ❸	❶ ❷ ❸

💡 TIPS 우주에서 더 큰 물체 주위를 도는 물체를 가리키는 말로, 자연 위성과 인공위성 모두를 가리킬 수 있어요.

1077	1078	1079	1080
rocket	**spaceship**	**astronaut**	**satellite**
로켓	우주선	우주 비행사	인공위성, (행성의) 위성
❶ ❷ ❸	❶ ❷ ❸	❶ ❷ ❸	❶ ❷ ❸

보기

| float | moon | rocket | satellite | astronaut |
| sun | planet | spaceship | space | star |

A 들려주는 영어 단어를 보기에서 찾아 쓰고, 그 아래 빈칸에 단어에 해당하는 사진의 번호를 쓰세요.

1

2

3

4

B 들려주는 영어 단어를 보기에서 찾아 쓰고, 괄호 안에서 알맞은 뜻을 고르세요.

1

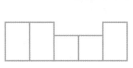

(항성 / 떠가다)

2

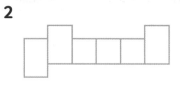

(행성 / 지구)

3

(떠가다 / 우주 비행사)

4

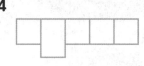

(우주, 공간 / 행성)

5

(우주 비행사 / 로켓)

6

(인공위성 / 우주선)

C 다음 사진을 보고, 빈칸에 우리말 뜻을 쓰고 영어 단어를 완성하세요.

1  → [   ] → f ☐ ☐ ☐ t

2 → [   ] → astro ☐ ☐ ☐ ☐

3 → 우주, 공간 → s ☐ ☐ ☐ ☐

4 → [   ] → ☐ ☐ ☐ net

5 → 인공위성 → sat ☐ ☐ ☐ ☐ te

D 다음 우리말을 표현한 영어 문장의 빈칸을 완성하세요.

1 태양은 매우 큰 별입니다. → The sun is a very big _____ .

2 오늘 밤에는 달이 안 보여요. → I can't see the _____ tonight.

3 로켓이 하늘로 올라가고 있습니다. → The _____ket is going up to the sky.

4 우주 비행사들은 우주에서 둥둥 떠다닙니다. → Astronauts fl_____ around in space.

5 나는 우주선에 있는 기분이 듭니다. → I feel like I am in the _____ship .

E 다음을 듣고 빈칸을 채워 문장을 완성한 후, 큰 소리로 따라하세요.

1 The ⬚ looks like a big, bright circle in the sky.

태양은 하늘에서 크고, 밝은 원처럼 보입니다.

2 ⬚ have their own light, but ⬚ do not have their own light.

별들은 자신의 빛을 가지고 있지만, 행성들은 자신의 빛을 가지고 있지 않습니다.

3 We can see the bright ⬚ because the sun's light falls on it.

태양의 빛이 달 위에 떨어지기 때문에 우리는 밝은 달을 볼 수 있습니다.

4 ⬚ can ⬚ inside their ⬚ when they are in ⬚ .

우주 비행사들은 우주에 있을 때, 그들의 우주선 안에서 떠다닐 수 있습니다.

📝 **Expressions**
- look like : ~처럼 보이다
- bright : 밝은
- own : 자기 자신의
- because : 왜냐하면
- when : ~할 때

F 다음 글을 읽고, 물음에 답하세요. 2번은 글에 쓰인 표현을 사용해 답하세요.

Five Fun Facts about Space

1. The sun is a star.

The sun looks like a big, bright circle in the sky.

But it is just a giant star.

2. Stars vs. Planets

Stars have their own light, but planets do not have their own light.

3. The moon has no light.

We can see the bright moon because the sun's light falls on it.

4. Astronauts float in space.

Astronauts can float inside their spaceship when they are in space.

5. First person

The first person in space was Yuri Gagarin.

The first person on the moon was Neil Armstrong.

1. 다음을 읽고, 윗글의 내용과 일치하면 T를, 일치하지 않으면 F를 쓰세요.

a. The shape of the sun is a circle.	
b. Planets have their own light.	
c. Yuri Gagarin stepped on the moon for the first time.	

2. Why can we see the moon?

➜ We can see it because _____ .

정답 및 해석 >> p55

Quick Check

● Day 18에서 학습한 단어들을 듣고 쓴 후, 그 단어의 우리말 뜻을 쓰세요.

1   ➡

2   ➡

3   ➡

4   ➡

5   ➡

6   ➡

7   ➡

8   ➡

9   ➡

10   ➡

✎ 틀린 단어 써보기

DAY 19

Literature (1) 문학 (1)

Step > 1 **듣고 따라하기**

다음은 Day 19에서 공부할 10개의 단어입니다. 모든 단어는 세 번씩 읽어줍니다.

단어 아래 표기된 ❶, ❷, ❸에 ∨ 표시하며 큰 소리로 따라하세요.

| 1081 **story** 이야기 | 1082 **tale** (옛) 이야기 | 1083 **sentence** 문장 |

💡TIPS Story는 실제 일어났거나 소설에서 일어난 일에 대한 이야기를 가리킬 수 있어요.
반면, tale은 오랜 시간에 걸쳐 전해진 이야기를 가리켜요.

| 1084 **point** 요점; 가리키다 | 1085 **about** ~에 대해; 대략 | 1086 **style** 스타일, 유행 | 1087 **author** 작가, 저자 |

| 1088 **comic** 우스꽝스러운, 희극의 | 1089 **humor** 유머, 익살 | 1090 **joke** 농담 |

| joke | about | point | story | author |
| comic | humor | sentence | tale | style |

A 들려주는 영어 단어를 보기에서 찾아 쓰고, 그 아래 빈칸에 단어에 해당하는 사진의 번호를 쓰세요.

1

2

3

4

B 들려주는 영어 단어를 보기에서 찾아 쓰고, 괄호 안에서 알맞은 뜻을 고르세요.

1

(희극의 / 유머)

2

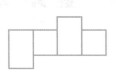

(우스꽝스러운 / 농담)

3

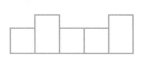

(이야기 / ~에 대하여)

4

(익살 / 희극의)

5

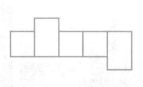

(요점 / 이야기)

6

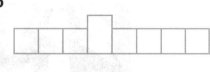

(문장 / (옛) 이야기)

C 다음 사진을 보고, 빈칸에 우리말 뜻을 쓰고 영어 단어를 완성하세요.

1 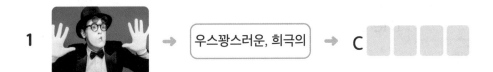 → 우스꽝스러운, 희극의 → c ☐ ☐ ☐ ☐

2 → 유머, 익살 → ☐ ☐ m o r

3 → 이야기 → s ☐ ☐ ☐ ☐

4 → ☐ → s e n ☐ ☐ ☐ e

5 → 농담 → j ☐ ☐ ☐

D 다음 우리말을 표현한 영어 문장의 빈칸을 완성하세요.

1 그는 그 옛날 이야기로 영화를 만듭니다. → He makes a movie with the old _____ e .

2 당신이 좋아하는 작가는 누구인가요? → Who is your favorite _____ t h _____ ?

3 당신은 무엇에 대해 말하고 있나요? → What are you talking a _____ ?

4 나는 그 이야기의 요점을 이해하지 못합니다. → I do not get the p _____ t of the story.

5 나는 그 신발의 스타일을 좋아합니다. → I like the s t _____ of the shoes.

E 다음을 듣고 빈칸을 채워 문장을 완성한 후, 큰 소리로 따라하세요.

1 We will talk [   ] the book *Love*.

우리는 〈Love〉라는 책에 대해 이야기할 것입니다.

2 Here is the [   ] of the book.

여기 이 책의 저자입니다.

3 Tell me [   ] your new book.

당신의 새 책에 대해 저에게 말해주세요.

4 It is a [   ] about a boy and his dog.

그것은 한 소년과 그의 개에 관한 이야기입니다.

5 The main [   ] of the [   ] is "Love is taking care of each other."

그 이야기의 주된 요점은 '사랑은 서로를 보살펴주는 것이다.'입니다.

6 I always like your writing [   ].

저는 늘 당신의 글 쓰는 스타일이 좋습니다.

> 📝 **Expressions**
> - **talk** : 말하다, 이야기하다
> - **here is** : 여기 ~가 있다
> - **tell** : 말하다
> - **take care of** : ~을 돌보다
> - **each other** : 서로

F 다음 글을 읽고, 물음에 답하세요. 2번은 글에 쓰인 표현을 사용해 답하세요.

An Interview with an Author

Carol   Hello, welcome to *The Book Show*.

I am the host of this show, Carol Kane.

Today, we will talk about the book *Love*.

Here is the author of the book, Jim Carter.

Hello, Jim. Tell me about your new book.

Jim   Hello, Carol. My book is about love.

It is a tale about a boy and his dog.

The main point of the story is "Love is taking care of each

other."

Carol   It is a warm story. I always like your writing style.

I will read your new book soon.

Jim   Thank you, Carol. I hope you enjoy this book.

1. 다음을 읽고, 윗글의 내용과 일치하면 T를, 일치하지 않으면 F를 쓰세요.

a. Jim's book is about love between a boy and his dog.	
b. Carol likes Jim's writing style.	
c. Carol read Jim's new book.	

2. What is the main point of Jim's new book?

➡ It is _____

정답 및 해석 >> p56

Quick Check

● Day 19에서 학습한 단어들을 듣고 쓴 후, 그 단어의 우리말 뜻을 쓰세요.

1 ⟶

2 ⟶

3 ⟶

4 ⟶

5 ⟶

6 ⟶

7 ⟶

8 ⟶

9 ⟶

10 ⟶

✎ 틀린 단어 써보기

DAY 20 Literature (2) 문학 (2)

Step 1 듣고 따라하기

다음은 Day 20에서 공부할 10개의 단어입니다. 모든 단어는 세 번씩 읽어줍니다.
단어 아래 표기된 ❶, ❷, ❸에 ✔ 표시하며 큰 소리로 따라하세요.

1091	1092	1093
hero 영웅, 남자 주인공	**dragon** 용	**giant** 거인; 거대한
✔ ❷ ❸	❶ ❷ ❸	❶ ❷ ❸

💡TIPS 여러 명의 hero를 표현할 때는
heroes로 써요.

1094	1095	1096
dwarf 난쟁이	**witch** 마녀	**wizard** 마법사
❶ ❷ ❸	❶ ❷ ❸	❶ ❷ ❸

💡TIPS 난쟁이가 여러 명일 때는
dwarves로 써요.

💡TIPS 여러 생명을 표현할 때는
lives로 써요.

1097	1098	1099	1100
angel 천사	**god** 신	**ghost** 유령, 귀신	**life** 삶, 인생, 생명
❶ ❷ ❸	❶ ❷ ❸	❶ ❷ ❸	❶ ❷ ❸

보기

| dragon | angel | life | god | dwarf |
| hero | witch | ghost | wizard | giant |

A 들려주는 영어 단어를 보기 에서 찾아 쓰고, 그 아래 빈칸에 단어에 해당하는 사진의 번호를 쓰세요.

1

2

3

4

B 들려주는 영어 단어를 보기 에서 찾아 쓰고, 괄호 안에서 알맞은 뜻을 고르세요.

1
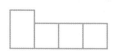
(신 / 영웅)

2

(거인 / 유령)

3

(거인 / 삶)

4

(신 / 천사)

5
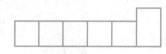
(마녀 / 마법사)

6
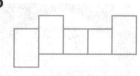
(거대한 / 유령)

C 다음 사진을 보고, 빈칸에 우리말 뜻을 쓰고 영어 단어를 완성하세요.

1 ⬛⬛⬛ n t

2 신 → ⬛⬛⬛

3 ⬛⬛⬛ s t

4 마법사 → w i ⬛⬛⬛⬛

5 ⬛⬛⬛ o

D 다음 우리말을 표현한 영어 문장의 빈칸을 완성하세요.

1 그 마녀는 그를 개구리로 만들 것입니다. → The w i _____ will make him into a frog.

2 그 남자가 나의 생명을 구했습니다. → The man saved my _____ e .

3 나의 눈에 그녀는 천사였습니다. → In my eyes, she was an _____ l .

4 그 난쟁이는 공주를 도와주었습니다. → The d _____ f helped the princess.

5 그 용이 나를 탑으로 데려다줄 것입니다. → The d _____ n will take me to the tower.

E 다음을 듣고 빈칸을 채워 문장을 완성한 후, 큰 소리로 따라하세요.

1 ☐ fight against evil.

영웅들은 악에 맞서 싸웁니다.

2 They fight against ☐, cruel ☐, or bad guys.

그들은 용, 잔인한 거인들, 또는 나쁜 사람들에 맞서 싸웁니다.

3 They always save good people's ☐.

그들은 항상 착한 사람들의 목숨을 구합니다.

4 I also like the stories about ☐ and ☐.

나는 또한 마녀와 마법사에 대한 이야기도 좋아합니다.

5 They sometimes make a team with ☐.

그들은 때때로 유령과 팀을 이룹니다.

6 ☐ and ☐ are not scary. They are cheerful.

마녀와 마법사들은 무섭지 않습니다. 그들은 유쾌합니다.

📝 **Expressions**

- fight against : ~에 대항해[맞서] 싸우다
- evil : 악
- cruel : 잔인한
- save : 구하다
- scary : 무서운
- cheerful : 유쾌한

F　다음 글을 읽고, 물음에 답하세요. 2번은 글에 쓰인 표현을 사용해 답하세요.

Do You Like Stories?

Do you like hero stories? I like them very much.

Heroes fight against evil.

They fight against dragons, cruel giants, or bad guys.

Heroes always win.

They always save good people's lives.

Hero stories always have a happy ending.

I also like the stories about witches and wizards.

They sometimes make a team with ghosts.

Witches and wizards are not scary. They are cheerful.

They make us laugh.

And they often save the world with their magic power.

1. 다음을 읽고, 윗글의 내용과 일치하면 T를, 일치하지 않으면 F를 쓰세요.

a. Evil never wins in hero stories.	
b. Wizards and witches sometimes fight against ghosts.	
c. Wizards and witches are very scary but cheerful.	

2. What kind of ending do hero stories have?

➡ They always have _____.

A 다음 사진에 해당하는 영어 단어를 고르세요.

1

[earthquake / rocket]

2

[witch / ghost]

3

[astronaut / wizard]

4

[planet / forest]

5

[volcano / cave]

6

[dragon / hero]

B 다음 영어 단어와 우리말 뜻을 선으로 연결하세요.

1 satellite •		• (옛) 이야기
2 tale •		• 문장
3 life •		• 인공위성
4 valley •		• 사막
5 stream •		• 계곡, 골짜기
6 sentence •		• 인생, 삶, 생명
7 desert •		• 개울, 시내

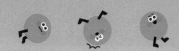

C 다음 사진에 해당하는 영어 단어를 보기에서 골라 쓰세요.

보기

float	dwarf	joke	spaceship
island	ocean	soil	wave

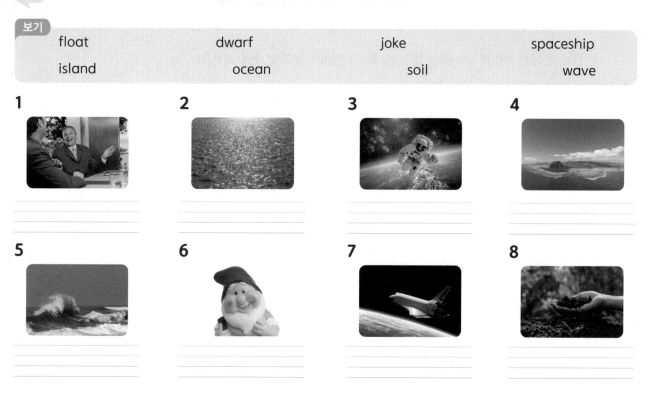

1

2

3

4

5

6

7

8

D 다음 우리말을 영어로 옮길 때, 빈칸에 알맞은 말을 보기에서 골라 쓰세요.

보기

about	author	space	point	story

1 그는 아이들에게 이야기를 하나 읽어주었습니다. → He read the children a _____.

2 그는 그 책의 저자입니다. → He is the _____ of the book.

3 제 말의 요점을 이해합니까? → Do you get my _____?

4 우리는 런던에서의 생활에 대해 이야기합니다. → We talk _____ life in London.

5 그 우주 비행사는 지금 우주에 있습니다. → The astronaut stays in _____ now.

Quick Check

정답 및 해석 >> p58

● Day 20에서 학습한 단어들을 듣고 쓴 후, 그 단어의 우리말 뜻을 쓰세요.

1 _____ ➡ _____

2 _____ ➡ _____

3 _____ ➡ _____

4 _____ ➡ _____

5 _____ ➡ _____

6 _____ ➡ _____

7 _____ ➡ _____

8 _____ ➡ _____

9 _____ ➡ _____

10 _____ ➡ _____

✎ 틀린 단어 써보기

_____

_____

_____

DAY 21 Telephones (1) 전화 (1)

Step 1 듣고 따라하기

다음은 Day 21에서 공부할 10개의 단어입니다. 모든 단어는 세 번씩 읽어줍니다.
단어 아래 표기된 ❶, ❷, ❸에 ✔ 표시하며 큰 소리로 따라하세요.

1101 phone
전화(기)
✔️ ❷ ❸

1102 cell phone
휴대전화
❶ ❷ ❸

💡 TIPS '휴대전화'는 mobile phone이라고도 해요.

1103 mobile
이동식의
❶ ❷ ❸

1104 ring
전화가 울리다; 반지, 고리
❶ ❷ ❸

1105 speak
이야기하다, 말하다
❶ ❷ ❸

💡 TIPS speak은 '말하는 행위나 언어 능력'에 초점을 둔 단어예요. 따라서 특정 언어를
말한다고 할 때나 말하기 시험을 표현할 때 사용해요.

1106 signal
신호
❶ ❷ ❸

1107 moment
잠깐, 잠시
❶ ❷ ❸

1108 busy
바쁜, 통화 중인
❶ ❷ ❸

1109 already
이미, 벌써
❶ ❷ ❸

1110 again
또, 다시
❶ ❷ ❸

보기

| again | signal | cell phone | ring | phone |
| busy | mobile | already | speak | moment |

A 들려주는 영어 단어를 (보기)에서 찾아 쓰고, 그 아래 빈칸에 단어에 해당하는 사진의 번호를 쓰세요.

1

2

3

4

B 들려주는 영어 단어를 (보기)에서 찾아 쓰고, 괄호 안에서 알맞은 뜻을 고르세요.

1

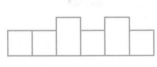

(잠깐 / 이동식의)

2

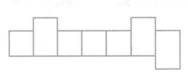

(이미 / 다시)

3

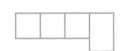

(통화 중인 / 전화가 울리다)

4

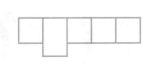

(다시 / 통화 중인)

5

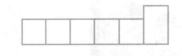

(신호 / 잠깐)

6

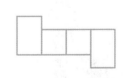

(벌써 / 바쁜)

C 다음 사진을 보고, 빈칸에 우리말 뜻을 쓰고 영어 단어를 완성하세요.

1  → [   ] → b ☐☐☐

2 → 신호 → ☐☐☐ n a l

3 → 전화가 울리다 → ☐☐ g

4 → [   ] → m o ☐☐☐ t

5 → 이동식의 → m o ☐☐☐☐

D 다음 우리말을 표현한 영어 문장의 빈칸을 완성하세요.

1 영어를 말할 줄 아시나요? → Can you s_____k English?

2 나는 새 휴대전화가 필요합니다. → I need a new _____ phone.

3 나는 그 책을 다시 읽을 것입니다. → I will read the book a_____ .

4 제가 당신의 전화를 써도 될까요? → Can I use your _____e ?

5 우리는 이미 늦었습니다. → We are late al_____d y .

E   다음을 듣고 빈칸을 채워 문장을 완성한 후, 큰 소리로 따라하세요.

1   The ⬚ ⬚ .

전화가 울립니다.

2   By the way, can I ⬚ to Peter?

그런데, Peter와 통화할 수 있을까요?

3   One ⬚ , please.

잠깐만 기다려주세요.

4   He is not here at the ⬚ .

그는 지금 여기에 없습니다.

5   He is ⬚ .

그는 바쁩니다.

6   I will call his ⬚ .

나는 그의 휴대전화로 전화할 것입니다.

📝 **Expressions**
- by the way : 그런데
- one moment : 잠깐만
- at the moment : 지금, 현재
- call : 전화하다

F 다음 글을 읽고, 물음에 답하세요. 2번은 글에 쓰인 표현을 사용해 답하세요.

He Is Busy.

[The phone rings.]

Man Hello.

Girl Hello, is this Peter?

Man No, it is his father. Who is calling please?

Girl Oh, Mr. White. It is Lisa.

Man Hey, Lisa! How are you?

Girl I am good. Thank you. By the way, can I speak to Peter?

Man One moment, please.

 Oh, I'm sorry. He is not here at the moment.

 He is busy. He is playing soccer with his friends.

Girl Oh, I will call his cell phone. Bye, Mr. White.

Man Bye, Lisa.

1. 이야기의 순서대로 그림 아래에 1 ~ 3의 숫자를 써넣으세요.

2 What is Peter doing now?

➡ He is _____.

Quick Check

정답 및 해석 >> p59

● Day 21에서 학습한 단어들을 듣고 쓴 후, 그 단어의 우리말 뜻을 쓰세요.

1 _____ → _____

2 _____ → _____

3 _____ → _____

4 _____ → _____

5 _____ → _____

6 _____ → _____

7 _____ → _____

8 _____ → _____

9 _____ → _____

10 _____ → _____

✎ 틀린 단어 써보기

_____
_____
_____

DAY 22 Telephones (2) 전화 (2)

Step > 1 듣고 따라하기

다음은 Day 22에서 공부할 10개의 단어입니다. 모든 단어는 세 번씩 읽어줍니다.
단어 아래 표기된 ❶, ❷, ❸에 ✔ 표시하며 큰 소리로 따라하세요.

1111 **battery** 배터리, 건전지	1112 **charge** 충전하다; 요금	1113 **dead** 작동 안 하는, 죽은

❶ ❷ ❸ ❶ ❷ ❸ ❶ ❷ ❸

1114 **call** 전화 (통화); 전화하다, 부르다	1115 **number** (전화)번호, 숫자	1116 **text** (휴대전화로) 문자를 보내다

❶ ❷ ❸ ❶ ❷ ❸ ❶ ❷ ❸

1117 **message** 메시지, 문자	1118 **leave** 남기고 가다, 떠나다	1119 **send** 보내다	1120 **wrong** 잘못된

❶ ❷ ❸ ❶ ❷ ❸ ❶ ❷ ❸ ❶ ❷ ❸

| leave | wrong | dead | message | text |
| send | number | call | charge | battery |

A 들려주는 영어 단어를 [보기]에서 찾아 쓰고, 그 아래 빈칸에 단어에 해당하는 사진의 번호를 쓰세요.

1

2

3

4

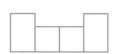

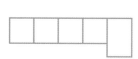

B 들려주는 영어 단어를 [보기]에서 찾아 쓰고, 괄호 안에서 알맞은 뜻을 고르세요.

1

(문자를 보내다 / 요금)

2

(전화하다 / 떠나다)

3

(작동 안 하는 / 잘못된)

4

(보내다 / 부르다)

5

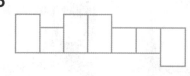

(요금 / 배터리)

6

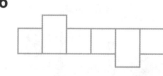

(충전하다 / 남기고 가다)

C 다음 사진을 보고, 빈칸에 우리말 뜻을 쓰고 영어 단어를 완성하세요.

1 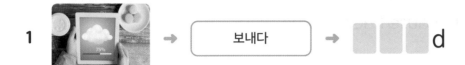 → 보내다 → ⬜⬜⬜ d

2 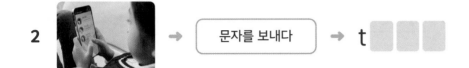 → 문자를 보내다 → t ⬜⬜⬜

3 → ⬜ → b ⬜ tt ⬜⬜ y

4  → ⬜ → ⬜⬜⬜ ng

5  → 남기고 가다, 떠나다 → l ⬜⬜⬜ e

D 다음 우리말을 표현한 영어 문장의 빈칸을 완성하세요.

1 전화번호 좀 알려주시겠어요? → Can I get your num_____ ?

2 나는 그녀에게 꽃을 좀 보낼 것입니다. → I will s_____ her some flowers.

3 3시 이후에 저에게 전화해주세요. → Please _____ me after 3 o'clock.

4 전화 잘못 거셨어요. → You have the _____g number.

5 내 차의 배터리가 방전되었습니다. → My car's battery is d_____d .

E 다음을 듣고 빈칸을 채워 문장을 완성한 후, 큰 소리로 따라하세요.

1 I ☐ you because I need some help.

나는 도움이 좀 필요해서 당신에게 전화했습니다.

2 ☐ him and ☐ a ☐ .

그에게 문자 보내고 메시지를 남겨라.

3 Make a ☐ to him.

그에게 전화해라.

4 I think his ☐ is ☐ .

내 생각에 그의 배터리가 방전된 것 같습니다.

5 Maybe he can't ☐ his phone now.

아마 그가 지금 그의 전화를 충전할 수 없을지도 모릅니다.

📝 **Expressions**
- because : 왜냐하면
- maybe : 아마도

F 다음 글을 읽고, 물음에 답하세요. 2번은 글에 쓰인 표현을 사용해 답하세요.

No Answer

John   Hello, Lisa.

Lisa   Hi, John. Are you in the library now?

      I call you because I need some help.

John   Yes, I am. What is it?

Lisa   Peter and I will do our homework at the library today.

      But I think I will be late.

John   Text him and leave a message.

Lisa   I did, but he did not read it.

John   Then, make a call to him.

Lisa   I did, but his phone is off now.

John   I think his battery is dead. Maybe he can't charge it now.

Lisa   Maybe he is in the lobby. Please tell him I am late.

John   Don't worry too much. I will go to him.

1. 다음을 읽고, 윗글의 내용과 일치하면 T를, 일치하지 않으면 F를 쓰세요.

a. Lisa can't go to the library today.	
b. Peter's phone is off now.	
c. John will not help Lisa.	

2. What will Lisa and Peter do at the library today?

➡ They will _____ .

Quick Check

정답 및 해석 >> p60

● Day 22에서 학습한 단어들을 듣고 쓴 후, 그 단어의 우리말 뜻을 쓰세요.

1 ➡

2 ➡

3 ➡

4 ➡

5 ➡

6 ➡

7 ➡

8 ➡

9 ➡

10 ➡

✎ 틀린 단어 써보기

DAY 23 Media (1) 대중매체 (1)

Step ▸ 1 듣고 따라하기

다음은 Day 23에서 공부할 10개의 단어입니다. 모든 단어는 세 번씩 읽어줍니다.
단어 아래 표기된 ❶, ❷, ❸에 ✓ 표시하며 큰 소리로 따라하세요.

1121 **radio** 라디오	1122 **newspaper** 신문	1123 **network** 방송망	1124 **website** 웹사이트

❶ ❷ ❸   ❶ ❷ ❸   ❶ ❷ ❸   ❶ ❷ ❸

1125 **print** 인쇄하다	1126 **information** 정보	1127 **fact** 사실

❶ ❷ ❸   ❶ ❷ ❸   ❶ ❷ ❸

1128 **program** 프로그램	1129 **news** 뉴스, 소식	1130 **cartoon** 만화, 만화 영화

❶ ❷ ❸   ❶ ❷ ❸   ❶ ❷ ❸

| fact | information | website | print | cartoon |
| network | news | program | radio | newspaper |

A 들려주는 영어 단어를 보기에서 찾아 쓰고, 그 아래 빈칸에 단어에 해당하는 사진의 번호를 쓰세요.

1

2

3

4

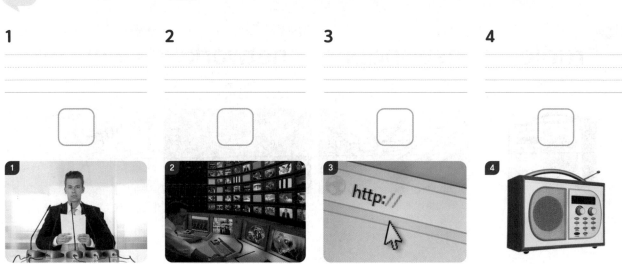

B 들려주는 영어 단어를 보기에서 찾아 쓰고, 괄호 안에서 알맞은 뜻을 고르세요.

1

(방송망 / 만화 영화)

2

(소식 / 신문)

3

(인쇄하다 / 정보)

4

(웹사이트 / 방송망)

5

(정보 / 방송망)

6

(사실 / 소식)

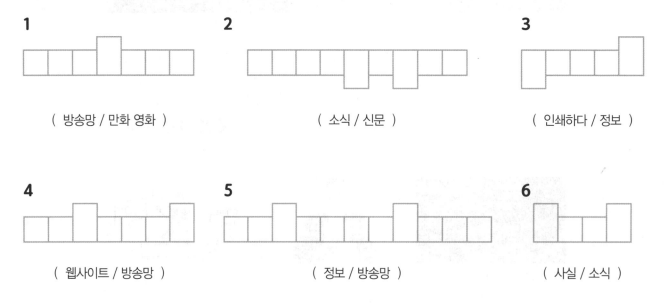

C 다음 사진을 보고, 빈칸에 우리말 뜻을 쓰고 영어 단어를 완성하세요.

1  → [   ] → p ☐ ☐ ☐ t

2 → [   ] → ☐ ☐ ☐ t ☐ ☐ n

3  → [   ] → n ☐ ☐ ☐ p ☐ p ☐ r

4  → [방송망] → ☐ ☐ ☐ work

5  → [정보] → i ☐ ☐ ☐ ☐ ☐ ation

D 다음 우리말을 표현한 영어 문장의 빈칸을 완성하세요.

1 당신은 이 사실을 기억해야 합니다.　→ You should remember this f_____ .

2 우리는 아이들을 위한 프로그램들이 있습니다.　→ We have pro_____ s for children.

3 저희의 웹사이트를 방문해주세요.　→ Please visit our web_____ .

4 당신은 라디오를 자주 듣나요?　→ Do you listen to the _____ o often?

5 나는 좋은 소식을 먼저 듣고 싶어요.　→ I want to hear good _____ first.

E 다음을 듣고 빈칸을 채워 문장을 완성한 후, 큰 소리로 따라하세요.

1 She clicks on [   ].

그녀는 웹사이트를 클릭합니다.

2 She wants some [   ] about her favorite singer.

그녀는 그녀가 매우 좋아하는 가수에 대한 정보를 원합니다.

3 He is reading a [   ].

그는 신문을 읽고 있습니다.

4 My dad is watching a sports [   ] on TV.

나의 아빠는 TV로 스포츠 프로그램을 보고 있습니다.

5 It tells him the [   ] about all the sports events.

그것은 그에게 모든 스포츠 경기에 대한 소식을 알려줍니다.

6 I am reading a [   ].

나는 만화를 읽고 있습니다.

📝 **Expressions**
- click on : ~을 클릭하다
- favorite : 좋아하는
- event : 행사, 경기

F 다음 글을 읽고, 물음에 답하세요. 2번은 글에 쓰인 표현을 사용해 답하세요.

An Evening at Home

My sister is in her bedroom. She is using her smartphone.

She clicks on websites.

She wants some information about her favorite singer.

Grandpa is in the living room. He is reading a newspaper.

He likes to read newspapers in his free time.

My dad is watching a sports program on TV.

It tells him the news about all the sports events.

I am sitting at the kitchen table. I am reading a cartoon.

I am taking a rest because I studied hard all day.

1. 이야기의 순서대로 그림 아래에 1 ~ 4의 숫자를 써넣으세요.

2. Why does my dad watch a sports program?

➡ Because it tells him _____ .

정답 및 해석 >> p61

Quick Check

● Day 23에서 학습한 단어들을 듣고 쓴 후, 그 단어의 우리말 뜻을 쓰세요.

1 ➡

2 ➡

3 ➡

4 ➡

5 ➡

6 ➡

7 ➡

8 ➡

9 ➡

10 ➡

✎ 틀린 단어 써보기

DAY 24 Media (2) 대중매체 (2)

Step > 1 들고 따라하기

다음은 Day 24에서 공부할 10개의 단어입니다. 모든 단어는 세 번씩 읽어줍니다.
단어 아래 표기된 ❶, ❷, ❸에 ∨ 표시하며 큰 소리로 따라하세요.

1131	1132	1133
culture	**matter**	**speech**
문화	문제	연설

✓ ❷ ❸	❶ ❷ ❸	❶ ❷ ❸

1134	1135	1136	1137
case	**record**	**guest**	**perform**
경우, 사건, 상자	녹화하다, 녹음하다	게스트, 특별 출연자	공연하다

❶ ❷ ❸	❶ ❷ ❸	❶ ❷ ❸	❶ ❷ ❸

1138	1139	1140
announcer	**reporter**	**audience**
방송 진행자, 아나운서	(보도) 기자	시청자, 청중

❶ ❷ ❸	❶ ❷ ❸	❶ ❷ ❸

Step > 2 듣기 문제로 단어 익히기

보기

| guest | audience | culture | reporter | matter |
| speech | record | perform | case | announcer |

A 들려주는 영어 단어를 보기에서 찾아 쓰고, 그 아래 빈칸에 단어에 해당하는 사진의 번호를 쓰세요.

1
_____
_____

☐

2
_____
_____

☐

3
_____
_____

☐

4
_____
_____

☐

B 들려주는 영어 단어를 보기에서 찾아 쓰고, 괄호 안에서 알맞은 뜻을 고르세요.

1
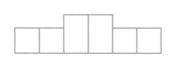
(경우 / 문제)

2
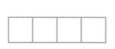
(특별 출연자 / 사건)

3

(녹음하다 / 공연하다)

4
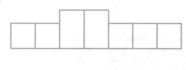
(문화 / 경우)

5
(방송 진행자 / 특별 출연자)

6
(시청자 / 기자)

C 다음 사진을 보고, 빈칸에 우리말 뜻을 쓰고 영어 단어를 완성하세요.

1 경우, 사건, 상자 → ☐☐☐ e

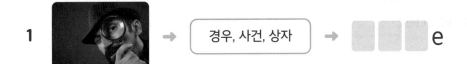

2 특별 출연자 → g ☐☐☐ t

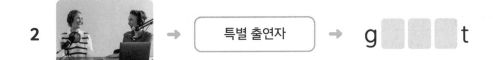

3 ☐ → cul ☐☐☐☐

4 녹화하다, 녹음하다 → r ☐☐☐☐ d

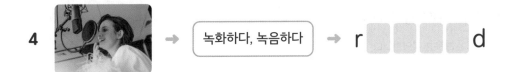

5 ☐ → a ☐ d ☐☐☐ e

D 다음 우리말을 표현한 영어 문장의 빈칸을 완성하세요.

1 그녀는 잡지사 기자입니다. → She is a _____ter for a magazine.

2 연설을 할 준비가 되셨나요? → Are you ready to give a _____ch ?

3 무슨 문제 있으신가요? → What is the m_____r with you?

4 그들은 그 쇼에서 마술을 공연합니다. → They per_____ magic in the show.

5 그 아나운서는 좋은 목소리를 가졌습니다. → The an_____cer has a nice voice.

E 다음을 듣고 빈칸을 채워 문장을 완성한 후, 큰 소리로 따라하세요.

1 Some programs show the [＿＿＿＿＿] of other countries.

몇몇 프로그램은 다른 나라들의 문화를 보여줍니다.

2 On some talk shows, [＿＿＿＿＿] discuss something.

몇몇 토크쇼에서는 게스트들이 무언가에 대해 토론합니다.

3 On news programs, [＿＿＿＿＿] tell us the news.

뉴스 프로그램에서는 아나운서들이 뉴스를 우리에게 말해줍니다.

4 On music programs, many singers sing and [＿＿＿＿＿].

음악 프로그램에서는 많은 가수들이 노래하고 공연합니다.

5 The [＿＿＿＿＿] enjoy the programs.

시청자는 그 프로그램들을 즐깁니다.

6 Some people [＿＿＿＿＿] their favorite programs.

몇몇 사람들은 그들이 가장 좋아하는 프로그램들을 녹화합니다.

📝 **Expressions**
- other : 다른
- talk show : 토크쇼
- discuss : 토론하다
- something : 무엇인가

F 다음 글을 읽고, 물음에 답하세요. 2번은 글에 쓰인 표현을 사용해 답하세요.

Many Kinds of TV Programs

There are many kinds of TV programs.

Some programs show the cultures of other countries.

People can learn about different cultures.

On some talk shows, guests discuss something.

On news programs, announcers tell us the news.

On music programs, many singers sing and perform.

The audience enjoy them.

Some people record their favorite programs.

They can watch them again.

What kind of TV program do you like?

---

1. 다음을 읽고, 윗글의 내용과 일치하면 T를, 일치하지 않으면 F를 쓰세요.

a. We can learn about different cultures on TV programs.	
b. Some guests tell us the news on talk shows.	
c. Some people can watch their favorite programs again.	

2. What do people do to watch their favorite programs again?

➡ They _____ .

정답 및 해석 >> p62

Quick Check

● Day 24에서 학습한 단어들을 듣고 쓴 후, 그 단어의 우리말 뜻을 쓰세요.

1 _____ → _____

2 _____ → _____

3 _____ → _____

4 _____ → _____

5 _____ → _____

6 _____ → _____

7 _____ → _____

8 _____ → _____

9 _____ → _____

10 _____ → _____

✎ 틀린 단어 써보기

_____

_____

_____

다음은 Day 25에서 공부할 10개의 단어입니다. 모든 단어는 세 번씩 읽어줍니다.
단어 아래 표기된 ❶, ❷, ❸에 ∨ 표시하며 큰 소리로 따라하세요.

1141	1142	1143
enter	**pull**	**push**
들어가다, 들어오다	당기다	밀다, 누르다

❶ ❷ ❸	❶ ❷ ❸	❶ ❷ ❸

1144	1145	1146
pick	**shout**	**careful**
꺾다, 따다	소리치다	조심하는

❶ ❷ ❸	❶ ❷ ❸	❶ ❷ ❸

1147	1148	1149	1150
sale	**noise**	**danger**	**campaign**
판매, 할인 판매	소음	위험	캠페인

❶ ❷ ❸	❶ ❷ ❸	❶ ❷ ❸	❶ ❷ ❸

보기

| sale | campaign | noise | danger | shout |
| pull | push | careful | pick | enter |

A 들려주는 영어 단어를 보기 에서 찾아 쓰고, 그 아래 빈칸에 단어에 해당하는 사진의 번호를 쓰세요.

1

2

3

4

B 들려주는 영어 단어를 보기 에서 찾아 쓰고, 괄호 안에서 알맞은 뜻을 고르세요.

1

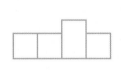

(할인 판매 / 누르다)

2

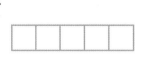

(위험 / 소음)

3

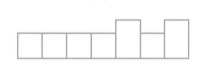

(조심하는 / 캠페인)

4

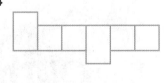

(위험 / 밀다)

5

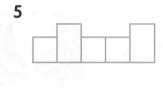

(들어가다 / 소리치다)

6

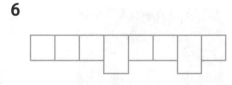

(캠페인 / 판매)

C 다음 사진을 보고, 빈칸에 우리말 뜻을 쓰고 영어 단어를 완성하세요.

1  → [   ] → n ☐☐☐ e

2 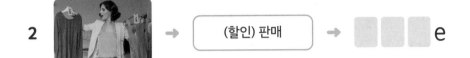 → (할인) 판매 → ☐☐☐ e

3 → 캠페인 → camp ☐☐☐☐

4 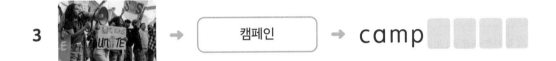 → [   ] → d ☐ n ☐☐ r

5  → 조심하는 → ☐☐☐☐ ful

D 다음 우리말을 표현한 영어 문장의 빈칸을 완성하세요.

1 나에게 소리치지 마세요! → Do not s_____t at me!

2 그 건물에 들어가면 안 됩니다. → Do not _____r the building.

3 죽은 나뭇잎들을 다 떼어내세요. → P_____ off all the dead leaves.

4 카메라 맨 위의 버튼을 누르세요. → P_____ the button on the top of the camera.

5 그냥 현관문을 당기세요. → Please just p_____ the front door.

E 다음을 듣고 빈칸을 채워 문장을 완성한 후, 큰 소리로 따라하세요.

1 I see a sign to [ ] the door open.

나는 문을 당겨서 열라는 표지판을 봅니다.

2 We pull the door and we [ ] the store.

우리는 문을 당기고 우리는 그 상점에 들어갑니다.

3 It has a big [ ] for the new school year.

그곳은 새 학년을 위해 큰 할인 판매를 합니다.

4 We [ ] the store door and we go home.

우리는 상점 문을 밀고 우리는 집으로 갑니다.

5 This sign tells us "Do not [ ] flowers."

이 표지판은 우리에게 "꽃을 꺾지 마시오."라고 말합니다.

6 That [ ] sign tells us "Do not swim here."

저 위험 표지판은 우리에게 "여기서 수영하지 마시오."라고 말합니다.

📝 **Expressions**

• pull the door open : 문을 당겨서 열다

• have a sale : 할인 판매를 하다

• tell : 말하다

F 다음 글을 읽고, 물음에 답하세요. 2번은 글에 쓰인 표현을 사용해 답하세요.

Signs in My Everyday Life

My mom and I go to the store.

I see a sign to pull the door open.

Mom pulls the door and we enter the store.

It has a big sale for the new school year.

Mom buys new shoes and a school bag for me.

And then, mom pushes the store door and we go home.

I go to the park with my dad.

I can see many signs in the park.

This sign tells us "Do not pick flowers."

That sign tells us "Do not walk on the grass."

And that danger sign tells us "Do not swim here."

1. 이야기에 나오는 표지판의 순서대로 그림 아래에 1 ~ 4의 숫자를 써넣으세요.

2. What does mom buy at the store?

➡ She buys _____ for me.

Review

A 다음 사진에 해당하는 영어 단어를 고르세요.

1

[cartoon / careful]

2

[print / shout]

3

[perform / record]

4

[battery / mobile]

5

[newspaper / network]

6

[cell phone / radio]

B 다음 영어 단어와 우리말 뜻을 선으로 연결하세요.

1	culture			문제
2	information			정보
3	matter			보내다
4	fact			시청자, 청중
5	reporter			문화
6	send			(보도) 기자
7	audience			사실

C 다음 사진에 해당하는 영어 단어를 보기에서 골라 쓰세요.

보기

noise   wrong   charge   speech   push   pull   enter   guest

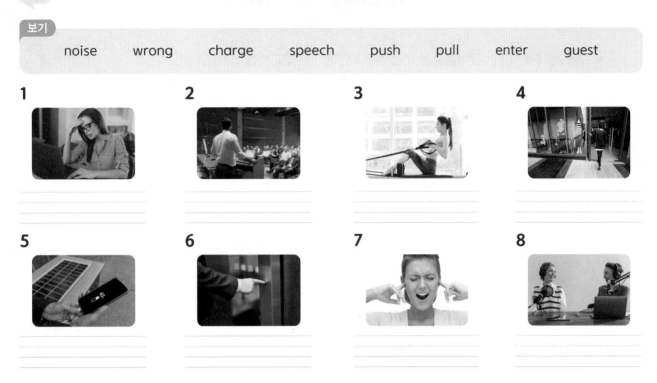

1

_____

2

_____

3

_____

4

_____

5

_____

6

_____

7

_____

8

_____

D 다음 우리말을 영어로 옮길 때, 빈칸에 알맞은 말을 보기에서 골라 쓰세요.

보기

call   speak   news   leave   again

1 그 소식은 그를 매우 행복하게 해줍니다.   → The _____ makes him very happy.

2 그에게 메시지를 남기고 싶습니다.   → I want to _____ a message for him.

3 제가 Kate랑 이야기[통화할] 수 있을까요?   → Can I _____ to Kate?

4 그거 다시 말씀해주세요.   → Please say that _____.

5 내가 너에게 내일 전화할게.   → I will _____ you tomorrow.

정답 및 해석 >> p64

Quick Check

● Day 25에서 학습한 단어들을 듣고 쓴 후, 그 단어의 우리말 뜻을 쓰세요.

1 _____ ➡ _____

2 _____ ➡ _____

3 _____ ➡ _____

4 _____ ➡ _____

5 _____ ➡ _____

6 _____ ➡ _____

7 _____ ➡ _____

8 _____ ➡ _____

9 _____ ➡ _____

10 _____ ➡ _____

✏️ 틀린 단어 써보기

_____

_____

_____

DAY 26 Suggestion 제안

학습한 날 : _____ / _____

Step > 1 듣고 따라하기

다음은 Day 26에서 공부할 10개의 단어입니다. 모든 단어는 세 번씩 읽어줍니다.
단어 아래 표기된 ❶, ❷, ❸에 ✓ 표시하며 큰 소리로 따라하세요.

1151 **idea** 생각, 아이디어	1152 **opinion** 의견, 견해	1153 **plan** 계획; 계획하다
	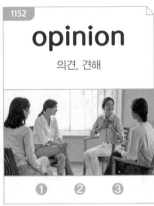	
✓① ② ③	① ② ③	① ② ③

💡 **TIPS** say는 듣는 사람이 특정하게 정해지지 않은 상황에서 쓸 수 있고, tell은 듣는 사람이
정해져 있는 경우에 써요. talk는 의사소통이 이루어지는 상황을 표현해요.

1154 **think** 생각하다	1155 **say** 말하다	1156 **tell** 말하다	1157 **talk** 말하다
			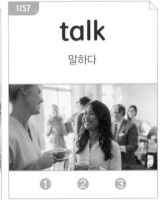
① ② ③	① ② ③	① ② ③	① ② ③

1158 **another** 또 하나; 또 하나의	1159 **care** 돌봄; 돌보다, 마음을 쓰다	1160 **mind** 신경, 생각; 언짢아하다

① ② ③	① ② ③	① ② ③

| say | another | mind | idea | plan |
| talk | care | opinion | tell | think |

A 들려주는 영어 단어를 보기 에서 찾아 쓰고, 그 아래 빈칸에 단어에 해당하는 사진의 번호를 쓰세요.

1

2

3

4

B 들려주는 영어 단어를 보기 에서 찾아 쓰고, 괄호 안에서 알맞은 뜻을 고르세요.

1

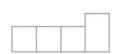

(생각하다 / 언짢아하다)

2

(말하다 / 견해)

3

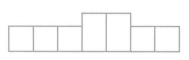

(신경 / 또 하나)

4

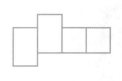

(계획 / 돌보다)

5

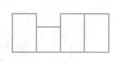

(말하다 / 마음을 쓰다)

6

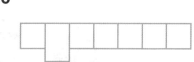

(의견 / 신경)

C 다음 사진을 보고, 빈칸에 우리말 뜻을 쓰고 영어 단어를 완성하세요.

1 → [　　　　] → [　][　][　] n

2 → [말하다] → s [　][　]

3 → [또 하나(의)] → a n [　][　][　][　] r

4 → [　　　　] → m [　][　][　]

5 → [의견, 견해] → o [　][　][　][　] o n

D 다음 우리말을 표현한 영어 문장의 빈칸을 완성하세요.

1 좋은 아이디어 좀 있으신가요? → Do you have any good _____ a s ?

2 나는 당신 말이 맞다고 생각합니다. → I _____ k you are right.

3 나의 부모님은 나를 많이 챙겨주십니다. → My parents c _____ for me very much.

4 제가 지금 당신과 이야기할 수 있을까요? → Can I _____ k with you now?

5 지금 저에게 주요 요점들을 말해주세요. → T _____ me the main points now.

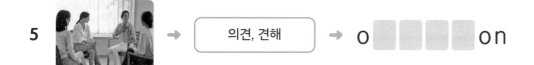

E 다음을 듣고 빈칸을 채워 문장을 완성한 후, 큰 소리로 따라하세요.

1 We will [　　　　] our trip to the zoo.

우리는 동물원 여행을 계획할 것입니다.

2 Who has a good [　　　　]?

누가 좋은 생각을 가지고 있나요?

3 In my [　　　　], we should feed the animals.

제 의견으로는, 우리는 동물들에게 먹이를 주어야 합니다.

4 Some students may [　　　　], "I do not like feeding animals."

몇몇 학생들은 "나는 동물에게 먹이 주는 걸 좋아하지 않아."라고 말할지도 모릅니다.

5 We need [　　　　] plan for them.

우리는 그들을 위해 또 다른 계획이 필요합니다.

6 I [　　　　] they can have a picnic near the zoo.

저는 그들이 동물원 근처에서 피크닉을 할 수 있다고 생각합니다.

7 Let's [　　　　] about this issue again next Monday.

이 안건에 대해서는 다음 주 월요일에 다시 이야기합시다.

📝 **Expressions**
- should : ~해야 한다
- feed : 먹이를 주다
- issue : 주제, 안건

F 다음 글을 읽고, 물음에 답하세요. 2번은 글에 쓰인 표현을 사용해 답하세요.

Trip to the Zoo

Peter Today, we will plan our trip to the zoo.

Who has a good idea?

Tim The zoo has some special programs.

In one program, we can feed the animals.

In another program, we can draw pictures of animals.

Ella In my opinion, we should feed the animals.

We can draw pictures of animals at school, too.

Ed OK. I understand. Some students may say, "I do not like

feeding animals." We need another plan for them.

Peter I think they can have a picnic near the zoo.

Let's talk about this issue again next Monday.

1. 다음을 읽고, 윗글의 내용과 일치하면 T를, 일치하지 않으면 F를 쓰세요.

a. Peter and his friends will take a trip to the zoo today.	
b. The zoo has a program to feed the animals.	
c. Ella thinks they need another plan for some students.	

2. Why does Ed say, "We need another plan."?

➡ Because some students may not _____.

Quick Check

정답 및 해석 >> p65

● Day 26에서 학습한 단어들을 듣고 쓴 후, 그 단어의 우리말 뜻을 쓰세요.

1 _____ ➡ _____

2 _____ ➡ _____

3 _____ ➡ _____

4 _____ ➡ _____

5 _____ ➡ _____

6 _____ ➡ _____

7 _____ ➡ _____

8 _____ ➡ _____

9 _____ ➡ _____

10 _____ ➡ _____

✎ 틀린 단어 써보기

_____

_____

_____

DAY 27 Praise 칭찬

학습한 날 : _____ / _____

다음은 Day 27에서 공부할 10개의 단어입니다. 모든 단어는 세 번씩 읽어줍니다.
단어 아래 표기된 ❶, ❷, ❸에 ✓ 표시하며 큰 소리로 따라하세요.

1161 example
본보기, 예시

✓ ❷ ❸

1162 praise
칭찬; 칭찬하다

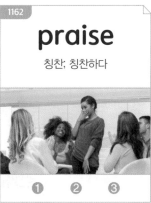

❶ ❷ ❸

1163 proud
자랑스러운

❶ ❷ ❸

1164 special
특별한

❶ ❷ ❸

1165 best
최고; 최고의; 가장 잘

❶ ❷ ❸

1166 excellent
훌륭한

❶ ❷ ❸

1167 fantastic
환상적인

❶ ❷ ❸

1168 thank
고마워하다

❶ ❷ ❸

1169 very
매우

❶ ❷ ❸

1170 try
시도하다, 노력하다, 먹어 보다

❶ ❷ ❸

Step > 2 　듣기 문제로 단어 익히기

try	special	praise	excellent	proud
example	best	very	thank	fantastic

A 들려주는 영어 단어를 (보기)에서 찾아 쓰고, 그 아래 빈칸에 단어에 해당하는 사진의 번호를 쓰세요.

1

2

3

4

B 들려주는 영어 단어를 (보기)에서 찾아 쓰고, 괄호 안에서 알맞은 뜻을 고르세요.

1
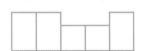

(노력하다 / 고마워하다)

2

(칭찬하다 / 시도하다)

3
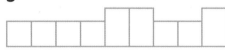

(훌륭한 / 환상적인)

4
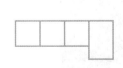

(가장 잘 / 매우)

5

(최고 / 본보기)

6

(자랑스러운 / 환상적인)

C 다음 사진을 보고, 빈칸에 우리말 뜻을 쓰고 영어 단어를 완성하세요.

1 [　　　　　] → th▢▢▢

2 [시도하다, 노력하다] → ▢▢▢

3 [　　　　　] → e▢▢▢ple

4 [환상적인] → fan▢▢▢▢ic

5 [훌륭한] → ▢▢▢▢llent

D 다음 우리말을 표현한 영어 문장의 빈칸을 완성하세요.

1 그녀는 매우 행복해 보입니다. → She looks _____ happy.

2 그것을 하는 최고의 방법은 무엇인가요? → What is the _____t way to do it?

3 오늘밤 특별한 게스트를 모셨습니다. → We have a spe_____ guest tonight.

4 그는 선생님으로부터 칭찬을 받습니다. → He gets some p_____se from his teacher.

5 Ed의 가족은 그를 자랑스러워합니다. → Ed's family is p_____d of him.

E 다음을 듣고 빈칸을 채워 문장을 완성한 후, 큰 소리로 따라하세요.

1 You are the ⬚ student in our class this year.

당신은 올해 우리 학급에서 최고의 학생입니다.

2 You ⬚ to help your friends.

당신은 친구들을 도와주려고 노력합니다.

3 You are a good ⬚ to other students.

당신은 다른 학생들에게 좋은 본보기입니다.

4 I am ⬚ of you.

나는 당신이 자랑스럽습니다.

5 You always ⬚ me.

당신은 항상 저를 칭찬하십니다.

6 I am not a ⬚ person.

저는 특별한 사람이 아닙니다.

7 Helping friends makes me ⬚ happy.

친구들을 돕는 것은 저를 아주 행복하게 합니다.

📓 **Expressions**
- this year : 올해
- be proud of : ~를 자랑스러워하다
- person : 사람

F 다음 글을 읽고, 물음에 답하세요. 2번은 글에 쓰인 표현을 사용해 답하세요.

Brad, the Best Student

Teacher   Brad, you are the best student in our class this year.

You are always kind and nice to your friends.

You try to help them.

You are a good example to other students.

I am very proud of you.

Brad   Thank you. You always praise me.

I am not a special person.

I like helping my friends. It is easy.

Helping friends makes me very happy.

Teacher   You have a warm heart. I congratulate you!

1. 다음을 읽고, 윗글의 내용과 일치하면 T를, 일치하지 않으면 F를 쓰세요.

a. The teacher is very proud of Brad.	
b. Brad thinks he is a special person.	
c. The teacher thinks Brad has a warm heart.	

2. What does Brad think of helping friends?

➡ He thinks helping friends is _____ and it makes _____.

정답 및 해석 >> p66

Quick Check

● Day 27에서 학습한 단어들을 듣고 쓴 후, 그 단어의 우리말 뜻을 쓰세요.

1 _____ ➡ _____

2 _____ ➡ _____

3 _____ ➡ _____

4 _____ ➡ _____

5 _____ ➡ _____

6 _____ ➡ _____

7 _____ ➡ _____

8 _____ ➡ _____

9 _____ ➡ _____

10 _____ ➡ _____

✍ 틀린 단어 써보기

_____

_____

_____

Step 1 들고 따라하기

다음은 Day 28에서 공부할 10개의 단어입니다. 모든 단어는 세 번씩 읽어줍니다.
단어 아래 표기된 ❶, ❷, ❸에 ✓ 표시하며 큰 소리로 따라하세요.

1171 **agree** 동의하다	1172 **decide** 결정하다, 결심하다	1173 **believe** 믿다, 생각하다	1174 **discuss** ~에 대해 의논하다

❶ ❷ ❸

❶ ❷ ❸

❶ ❷ ❸

❶ ❷ ❸

1175 **dialogue** 대화	1176 **focus** 집중하다; 초점	1177 **issue** 주제, 안건, 문제

❶ ❷ ❸

❶ ❷ ❸

❶ ❷ ❸

1178 **against** ~에 반대하여, ~에 대항하여	1179 **however** 하지만	1180 **because** ~ 때문에, ~해서

❶ ❷ ❸

❶ ❷ ❸

❶ ❷ ❸

보기

| issue | believe | because | decide | however |
| dialogue | agree | against | focus | discuss |

A 들려주는 영어 단어를 [보기]에서 찾아 쓰고, 그 아래 빈칸에 단어에 해당하는 사진의 번호를 쓰세요.

1 _____

2 _____

3 _____

4 _____

B 들려주는 영어 단어를 [보기]에서 찾아 쓰고, 괄호 안에서 알맞은 뜻을 고르세요.

1 (안건 / 대화)

2 (~해서 / ~에 반대하여)

3 (하지만 / ~ 때문에)

4 (~에 대해 의논하다 / 대화)

5 (문제 / 초점)

6 (~에 반대하여 / ~ 때문에)

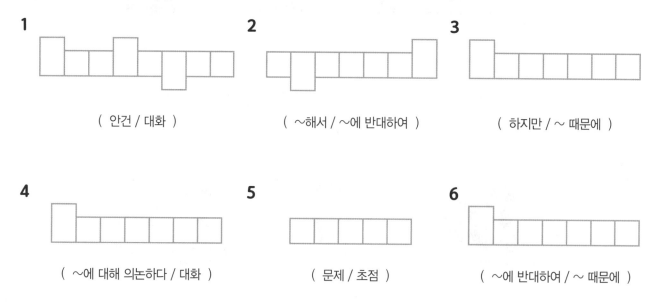

C 다음 사진을 보고, 빈칸에 우리말 뜻을 쓰고 영어 단어를 완성하세요.

1  → [주제, 안건, 문제] → is ▢▢▢

2  → [ ] → di ▢▢▢ ss

3  → [~에 반대하여 [대항하여]] → ▢▢▢ inst

4  → [ ] → dial ▢▢▢▢

5  → [하지만] → how ▢▢▢▢

D 다음 우리말을 표현한 영어 문장의 빈칸을 완성하세요.

1 나는 당신이 그것을 할 수 있다고 믿습니다. → I bel_____ you can do it.

2 당신은 결정을 내렸나요? → Did you d_____e ?

3 나는 당신의 의견에 동의합니다. → I a_____ with you.

4 나는 일에 집중하지 못하겠어요. → I can't fo_____ on my work.

5 우리는 그가 친절해서 그를 좋아합니다. → We like him bec_____ he is kind.

E 다음을 듣고 빈칸을 채워 문장을 완성한 후, 큰 소리로 따라하세요.

1 I [   ] with the topic.

나는 주제에 동의합니다.

2 Cats can live in a small apartment [   ] they do not need a lot of space.

고양이는 많은 공간을 필요로 하지 않기 때문에 작은 아파트에서 살 수 있습니다.

3 I am [   ] the topic.

나는 주제에 반대합니다.

4 I [   ] some cats do not like their owners.

나는 일부 고양이들이 그들의 주인을 좋아하지 않는다고 생각합니다.

5 [   ], all dogs love their owners.

하지만, 모든 개들은 그들의 주인을 사랑합니다.

📝 **Expressions**
- topic : 주제, 토픽
- a lot of : 많은
- space : 공간
- owner : 주인

F 다음 글을 읽고, 물음에 답하세요. 2번은 글에 쓰인 표현을 사용해 답하세요.

Cats vs. Dogs

Topic : Cats are better pets than dogs.

Kate I agree with the topic.

First, cats can live in a small apartment because they do
not need a lot of space.

Second, cats are very quiet. They do not bark.

Third, they do not eat much. They are not expensive pets.

Tim I am against the topic. Cats like to be alone.

I believe some cats do not like their owners.

However, all dogs love their owners.

They can be a man's best friend.

---

1. 이야기에 나오는 순서대로 그림 아래에 1 ~ 4의 숫자를 써넣으세요.

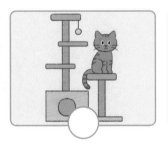   

2. Why does Tim think some cats do not like their owners?

➡ Because he thinks cats _____.

정답 및 해석 >> p67

Quick Check

● Day 28에서 학습한 단어들을 듣고 쓴 후, 그 단어의 우리말 뜻을 쓰세요.

1 _____ ➡ _____

2 _____ ➡ _____

3 _____ ➡ _____

4 _____ ➡ _____

5 _____ ➡ _____

6 _____ ➡ _____

7 _____ ➡ _____

8 _____ ➡ _____

9 _____ ➡ _____

10 _____ ➡ _____

✎ 틀린 단어 써보기

_____

_____

_____

DAY 29

Conditions (1) 상태 (1)

Step > 1 듣고 따라하기

다음은 Day 29에서 공부할 10개의 단어입니다. 모든 단어는 세 번씩 읽어줍니다.
단어 아래 표기된 ❶, ❷, ❸에 ✓ 표시하며 큰 소리로 따라하세요.

1181 **condition** 상태, 조건	1182 **same** (똑)같은	1183 **different** 다른

✔ ② ③	① ② ③	① ② ③

1184 **sure** 확신하는	1185 **main** 가장 큰, 주된	1186 **fresh** 신선한

① ② ③	① ② ③	① ② ③

1187 **bright** 밝은	1188 **dark** 어두운, 짙은	1189 **sore** 아픈, 따가운	1190 **together** 함께, 같이

① ② ③	① ② ③	① ② ③	① ② ③

보기

| bright | sure | same | sore | condition |
| dark | main | different | fresh | together |

A 들려주는 영어 단어를 보기 에서 찾아 쓰고, 그 아래 빈칸에 단어에 해당하는 사진의 번호를 쓰세요.

1

2

3

4

B 들려주는 영어 단어를 보기 에서 찾아 쓰고, 괄호 안에서 알맞은 뜻을 고르세요.

1

(밝은 / 신선한)

2

(함께 / 주된)

3

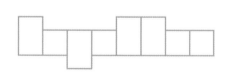

(같이 / 확신하는)

4

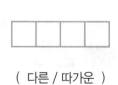

(다른 / 따가운)

5

(확신하는 / 아픈)

6

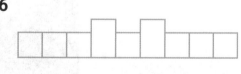

(주된 / 상태, 조건)

C 다음 사진을 보고, 빈칸에 우리말 뜻을 쓰고 영어 단어를 완성하세요.

1 → 가장 큰, 주된 → ▢▢▢ n

2 → [　　] → ▢▢ re

3 → 확신하는 → ▢▢ re

4 → [　　] → to ▢▢▢▢ er

5 → 상태, 조건 → condi ▢▢▢▢

D 다음 우리말을 표현한 영어 문장의 빈칸을 완성하세요.

1 그는 짙은 머리카락에 녹색 눈을 가지고 있습니다. → He has d_____ hair and green eyes.

2 신선한 공기를 좀 쓸시다. → Let's get some _____sh air.

3 당신은 밝은 별들을 볼 수 있습니다. → You can see b_____t stars.

4 우리는 나이가 같아! → We are the _____e age!

5 당신 오늘은 달라 보여요. → You look di_____t today.

E 다음을 듣고 빈칸을 채워 문장을 완성한 후, 큰 소리로 따라하세요.

1 There are many [　　　　] kinds of Kimbap.

많은 다른 종류의 김밥이 있습니다.

2 We only use [　　　　] vegetables.

우리는 신선한 채소들만 사용합니다.

3 We use [　　　　] orange carrots and [　　　　] green spinach.

우리는 밝은 오렌지 빛깔의 당근과 진한 녹색의 시금치를 사용합니다.

4 Eat Kimbap [　　　　] with your friends after school.

학교 끝나고 친구들과 함께 김밥을 드세요.

5 Never eat old Kimbap. It is in a bad [　　　　].

절대 오래된 김밥을 먹지 마세요. 그것은 상태가 안 좋습니다.

6 We are [　　　　] you will like our Kimbap.

우리는 당신이 우리 김밥을 좋아할 것이라고 확신합니다.

📝 **Expressions**
- kind of : ~의 종류
- spinach : 시금치
- in a bad condition : 상태가 좋지 않은

F 다음 글을 읽고, 물음에 답하세요. 2번은 글에 쓰인 표현을 사용해 답하세요.

Green Kimbap Restaurant

Green Kimbap Restaurant is the best!

There are many different kinds of Kimbap.

They are vegetable Kimbap, bulgogi Kimbap, egg Kimbap, and

cheese Kimbap.

We only use fresh vegetables.

We use bright orange carrots and dark green spinach.

Eat Kimbap together with your friends after school.

Never eat old Kimbap. It is in a bad condition.

We make Kimbap after you order it.

We are sure you will like our Kimbap.

Come to the Green Kimbap Restaurant across from City Hall.

1. 다음을 읽고, 윗글의 내용과 일치하면 T를, 일치하지 않으면 F를 쓰세요.

a. There are four kinds of Kimbap in Green Kimbap Restaurant.	
b. They make Kimbap with fresh vegetables.	
c. Green Kimbap Restaurant is across from the school.	

2. Why does the writer say 'Never eat old Kimbap?'

➡ Because it is _____ .

Quick Check

정답 및 해석 >> p68

● Day 29에서 학습한 단어들을 듣고 쓴 후, 그 단어의 우리말 뜻을 쓰세요.

1 _____ ➡ _____

2 _____ ➡ _____

3 _____ ➡ _____

4 _____ ➡ _____

5 _____ ➡ _____

6 _____ ➡ _____

7 _____ ➡ _____

8 _____ ➡ _____

9 _____ ➡ _____

10 _____ ➡ _____

✍ 틀린 단어 써보기

_____

_____

_____

DAY 30 Conditions (2) 상태 (2)

Step 1 듣고 따라하기

다음은 Day 30에서 공부할 10개의 단어입니다. 모든 단어는 세 번씩 읽어줍니다.
단어 아래 표기된 ❶, ❷, ❸에 ✓ 표시하며 큰 소리로 따라하세요.

1191	1192	1193
important	**helpful**	**safe**
중요한	도움이 되는	안전한

✓ ❷ ❸   ❶ ❷ ❸   ❶ ❷ ❸

💡 TIPS loud는 음량이 크다는 뜻의 '(소리가) 큰, 시끄러운'의 의미이고, aloud는 '(속으로가 아닌 밖으로) 소리 내어'라는 의미예요.

1194	1195	1196
silent	**alright**	**aloud**
조용한	괜찮은, 받아들일 만한	소리 내어, 큰 소리로

❶ ❷ ❸   ❶ ❷ ❸   ❶ ❷ ❸

1197	1198	1199	1200
please	**control**	**hold**	**fail**
기쁘게 하다; 제발	조절하다, 통제하다	잡다, (회의를) 열다	실패하다

❶ ❷ ❸   ❶ ❷ ❸   ❶ ❷ ❸   ❶ ❷ ❸

보기

| control | safe | helpful | alright | fail |
| important | hold | silent | aloud | please |

A 들려주는 영어 단어를 보기 에서 찾아 쓰고, 그 아래 빈칸에 단어에 해당하는 사진의 번호를 쓰세요.

1

2

3

4

B 들려주는 영어 단어를 보기 에서 찾아 쓰고, 괄호 안에서 알맞은 뜻을 고르세요.

1

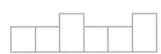

(안전한 / 조용한)

2

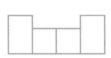

(실패하다 / 조절하다)

3

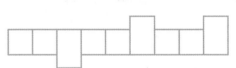

(도움이 되는 / 중요한)

4

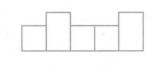

(소리 내어 / 받아들일 만한)

5

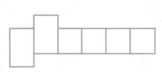

(괜찮은 / 제발)

6

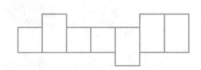

(괜찮은 / 중요한)

C 다음 사진을 보고, 빈칸에 우리말 뜻을 쓰고 영어 단어를 완성하세요.

1  → [　　　　] → ■■■ e

2 → [실패하다] → f ■■■

3 → [괜찮은, 받아들일 만한] → a ■■ i ■■ t

4 → [　　　　] → ■■■ ent

5 → [중요한] → impor ■■■■

D 다음 우리말을 표현한 영어 문장의 빈칸을 완성하세요.

1 그 아이가 책을 소리 내어 읽고 있습니다. → The child is reading a book _____ud .

2 우리는 오늘 파티를 열 수 없습니다. → We can't _____d a party today.

3 당신은 당신의 아이들을 통제할 수 있나요? → Can you con_____ your children?

4 제발 여기서 사진을 찍지 말아주세요. → P_____ do not take photos here.

5 그는 나에게 아주 도움이 됩니다. → He is very he_____ to me.

E 다음을 듣고 빈칸을 채워 문장을 완성한 후, 큰 소리로 따라하세요.

1 Good manners are [   ] for living together.

좋은 매너는 같이 살아가는 데 중요합니다.

2 Here are some [   ] tips to have good manners.

좋은 매너를 갖기 위한 몇 가지 도움이 되는 정보가 여기에 있습니다.

3 Please be [   ] during a movie.

영화 상영 중에는 조용히 하세요.

4 Do not speak [   ] in the library.

도서관에서는 소리 내어 말하지 마세요.

5 [   ] the door for people behind you.

뒷사람을 위해 문을 잡아주세요.

6 Say "Thank you," "[   ]," and "Sorry" in a clear voice.

'고맙습니다', '제발[부디]', '미안합니다'를 분명한 목소리로 말하세요.

📝 **Expressions**
- **manners** : 예의, 매너
- **tip** : 정보, 조언
- **clear** : 분명한, 명확한
- **voice** : 목소리

F 다음 글을 읽고, 물음에 답하세요. 2번은 글에 쓰인 표현을 사용해 답하세요.

Good Manners

Good manners are important for living together.

They make everyone feel comfortable.

Here are some helpful tips to have good manners.

1. Please be silent during a movie.

2. Do not speak aloud in the library.

3. Hold the door for people behind you.

4. Say "Thank you," "Please," and "Sorry" in a clear voice.

5. Do not talk with your mouth full.

6. Do not use bad words.

7. Be on time.

8. Stand in line.

1. 다음을 읽고, 좋은 매너에 대한 윗글의 내용과 일치하면 T를, 일치하지 않으면 F를 쓰세요.

a. You should be quiet in the library.	
b. You should close the door for the next people.	
c. You should not talk with your mouth full.	

2. How do good manners make people feel?

→ Good manners make people _____.

A 다음 사진에 해당하는 영어 단어를 고르세요.

1

[praise / fail]

2

[helpful / fantastic]

3

[silent / aloud]

4

[discuss / mind]

5

[care / agree]

6

[think / hold]

B 다음 영어 단어와 우리말 뜻을 선으로 연결하세요.

1	sure	•		•	조절[통제]하다
2	control	•		•	의견, 견해
3	safe	•		•	또 하나(의)
4	opinion	•		•	확신하는
5	main	•		•	본보기, 예시
6	example	•		•	안전한
7	another	•		•	가장 큰, 주된

C 다음 사진에 해당하는 영어 단어를 [보기]에서 골라 쓰세요.

[보기]

sore   bright   together   same   dark   mind   talk   thank

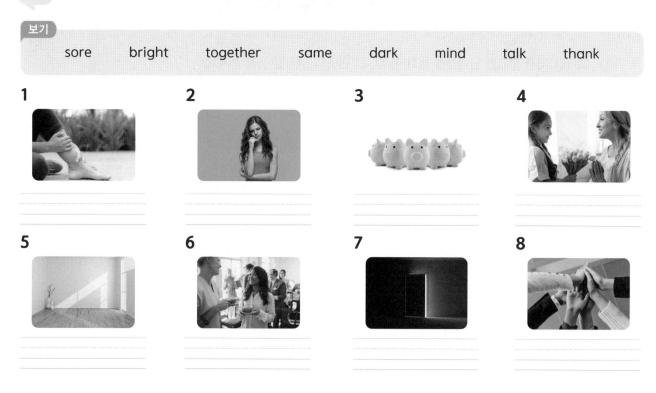

1

2

3

4

5

6

7

8

D 다음 우리말을 영어로 옮길 때, 빈칸에 알맞은 말을 [보기]에서 골라 쓰세요.

[보기]

pick   fresh   different   plan   against

1 신선한 과일과 채소를 드세요.   → Eat .... fruit and vegetables.

2 당신은 그의 의견에 반대하시나요?   → Are you .... his opinion?

3 그들은 다른 나라에서 왔어요.   → They came from .... countries.

4 우리는 미래를 위해 계획을 세울 필요가 있습니다.   → We need to .... for the future.

5 꽃을 꺾지 마시오.   → Do not .... the flowers.

정답 및 해석 >> p69

Quick Check

● Day 30에서 학습한 단어들을 듣고 쓴 후, 그 단어의 우리말 뜻을 쓰세요.

1 _____ ➡ _____

2 _____ ➡ _____

3 _____ ➡ _____

4 _____ ➡ _____

5 _____ ➡ _____

6 _____ ➡ _____

7 _____ ➡ _____

8 _____ ➡ _____

9 _____ ➡ _____

10 _____ ➡ _____

✍ 틀린 단어 써보기

_____

_____

_____

MEMO

MEMO

초등영단어
문장의 시작

Level 4

워크북 + 정답 및 해석

초등영단어
문장의 시작 Level **4**

Level 4

초등영단어
문장의 시작

Workbook

다음 단어를 소리 내어 읽으며 세 번 이상 써보세요.

0901 **introduce**
소개하다

0902 **spell**
철자를 쓰다[말하다]

0903 **family name**
성(姓)

0904 **first name**
(성이 아닌) 이름

0905 **live**
(특정 장소에) 살다

0906 **address**
주소

0907 **favorite**
매우 좋아하는

0908 **hobby**
취미

0909 **habit**
습관, 버릇

0910 **grade**
학년

다음 단어를 소리 내어 읽으며 세 번 이상 써보세요.

0911
town
(소)도시, 시내, 동네

0912
city
도시, 시

0913
downtown
시내에, 시내로

0914
traffic light
신호등

0915
bus stop
버스 정류장

0916
shop
가게; 쇼핑하다

0917
city hall
시청

0918
national park
국립공원

0919
gas station
주유소

0920
parking lot
주차장

Towns (2) 도시 (2)

다음 단어를 소리 내어 읽으며 세 번 이상 써보세요.

0921	**area** 지역, 구역	
0922	**village** (시골) 마을	
0923	**country** 나라, 시골	
0924	**field** 들판, 밭	
0925	**farm** 농장	
0926	**bridge** 다리	
0927	**sign** 표지판; 서명하다	
0928	**crossroad** 교차로, 네거리	
0929	**factory** 공장	
0930	**tower** 탑	

 **Buildings** 건물

다음 단어를 소리 내어 읽으며 세 번 이상 써보세요.

0931 **build**
짓다, 건설하다

0932 **building**
건물

0933 **inside**
~안으로; 내부

0934 **outside**
바깥쪽; 바깥의; 바깥에서

0935 **apartment**
아파트

0936 **bank**
은행

0937 **museum**
박물관, 미술관

0938 **fire station**
소방서

0939 **police station**
경찰서

0940 **post office**
우체국

DAY 05 Streets and Roads 거리와 도로

학습한 날 : _____ / _____

다음 단어를 소리 내어 읽으며 세 번 이상 써보세요.

0941 cross
건너다, 가로지르다

0942 accident
(특히 자동차) 사고

0943 way
길, 방법

0944 road
(차가 다니는) 도로, 길

0945 sidewalk
보도, 인도

0946 street
거리, 도로, 가(街)

0947 side
쪽, 옆면

0948 corner
모퉁이

0949 crosswalk
횡단보도

0950 highway
고속도로

다음 단어를 소리 내어 읽으며 세 번 이상 써보세요.

0951	**car** 자동차	
0952	**truck** 트럭	
0953	**drive** 운전하다	
0954	**bus** 버스	
0955	**taxi** 택시	
0956	**passenger** 승객	
0957	**take** 가져가다, 데려가다, (차를) 타다	
0958	**bike** 자전거	
0959	**helmet** 헬멧	
0960	**ride** (자전거 등을) 타다	

Transportation (2) 교통수단 (2)

다음 단어를 소리 내어 읽으며 세 번 이상 써보세요.

0961 **vehicle**
탈 것

0962 **train**
기차

0963 **subway**
지하철

0964 **hurry**
서두름; 서두르다

0965 **carry**
~을 나르다

0966 **station**
기차역

0967 **service**
서비스, 봉사

0968 **ambulance**
구급차

0969 **fire engine**
소방차

0970 **police car**
경찰차

Transportation (3) 교통수단 (3)

다음 단어를 소리 내어 읽으며 세 번 이상 써보세요.

0971
boat
(작은) 배, 보트

0972
ship
(큰) 배, 선박

0973
yacht
요트

0974
sail
항해하다

0975
airplane
비행기

0976
helicopter
헬리콥터

0977
jet
제트기

0978
speed
속도

0979
fuel
연료

0980
gas
가스, 기체, 휘발유

다음 단어를 소리 내어 읽으며 세 번 이상 써보세요.

0981	**game** 게임, 경기	
0982	**hunt** 사냥하다	
0983	**Internet** 인터넷	
0984	**film** 영화; 촬영하다	
0985	**movie** 영화	
0986	**drama** 드라마, 극	
0987	**photo** 사진	
0988	**magic** 마술	
0989	**stamp** 우표	
0990	**album** 앨범, 사진첩	

Hobbies (2) 취미 (2)

다음 단어를 소리 내어 읽으며 세 번 이상 써보세요.

0991	**relax** 휴식을 취하다
0992	**stay** 머무르다, 지내다
0993	**visit** 방문하다
0994	**bake** (음식을) 굽다
0995	**compose** 작곡하다
0996	**invent** 발명하다
0997	**surf** 파도타기를 하다, 인터넷을 검색하다
0998	**fishing** 낚시
0999	**magazine** 잡지
1000	**match** 경기, 시합

다음 단어를 소리 내어 읽으며 세 번 이상 써보세요.

1001
stand
서다, 일어서다

1002
sit
앉다

1003
help
돕다; 도움

1004
close
닫다, (책을) 덮다; 가까운

1005
open
열다, (책을) 펴다; 열린

1006
share
함께 쓰다, 나누다

1007
ask
묻다, 부탁하다

1008
read
읽다

1009
write
쓰다

1010
guess
추측하다, 알아맞히다; 추측

다음 단어를 소리 내어 읽으며 세 번 이상 써보세요.

1011
question
질문, 문제

1012
answer
대답; 대답하다

1013
learn
배우다

1014
repeat
반복하다

1015
note
메모, 필기

1016
line
줄, 선

1017
memory
기억, 기억력

1018
absent
결석한

1019
group
모둠, 단체

1020
member
회원, 구성원

다음 단어를 소리 내어 읽으며 세 번 이상 써보세요.

1021	**form** 서식, 양식	
1022	**grocery store** 식료품 가게	
1023	**sell** 팔다	
1024	**cost** (비용이) ~ 이다[들다]	
1025	**store** 가게, 상점	
1026	**clerk** 점원, 직원	
1027	**customer** 고객	
1028	**design** 디자인; 디자인하다	
1029	**refund** 환불(금); 환불하다	
1030	**exchange** 교환; 교환하다	

다음 단어를 소리 내어 읽으며 세 번 이상 써보세요.

1031	**medicine** 약, 의학
1032	**pill** 알약
1033	**fit** (몸이) 건강한
1034	**sick** 아픈, 병든
1035	**pale** 창백한, 핼쑥한
1036	**fever** 열
1037	**cough** 기침; 기침하다
1038	**sneeze** 재채기; 재채기하다
1039	**blood** 피, 혈액
1040	**bone** 뼈

Health and Illness (2) 건강과 병 (2)

다음 단어를 소리 내어 읽으며 세 번 이상 써보세요.

1041	**keep** 유지하다, 지키다	
1042	**healthy** 건강한, 건강에 좋은	
1043	**well** 건강한; 잘	
1044	**patient** 환자; 참을성 있는	
1045	**problem** 문제	
1046	**serious** 심각한	
1047	**ache** (계속적인) 아픔; 아프다	
1048	**headache** 두통	
1049	**toothache** 치통	
1050	**stomachache** 위통, 복통	

Earth (1) 지구 (1)

다음 단어를 소리 내어 읽으며 세 번 이상 써보세요.

1051
earth
지구, 땅

1052
island
섬

1053
cave
동굴

1054
volcano
화산

1055
earthquake
지진

1056
desert
사막

1057
mountain
산

1058
hill
언덕

1059
jungle
밀림, 정글

1060
forest
숲, 삼림

DAY 17 Earth (2) 지구 (2)

다음 단어를 소리 내어 읽으며 세 번 이상 써보세요.

1061	**nature** 자연
1062	**soil** 토양, 흙
1063	**mud** 진흙, 진흙탕
1064	**dust** 먼지
1065	**sea** 바다
1066	**ocean** 대양, 바다
1067	**wave** 파도
1068	**river** 강
1069	**stream** 개울, 시내
1070	**valley** 계곡, 골짜기

Space 우주

다음 단어를 소리 내어 읽으며 세 번 이상 써보세요.

1071	**space** 우주, 공간	
1072	**sun** 해, 태양	
1073	**moon** 달, (지구 외 행성의) 위성	
1074	**star** 별, 항성	
1075	**planet** 행성	
1076	**float** 떠가다, 뜨다	
1077	**rocket** 로켓	
1078	**spaceship** 우주선	
1079	**astronaut** 우주 비행사	
1080	**satellite** 인공위성, (행성의) 위성	

다음 단어를 소리 내어 읽으며 세 번 이상 써보세요.

1081	**story** 이야기
1082	**tale** (옛) 이야기
1083	**sentence** 문장
1084	**point** 요점; 가리키다
1085	**about** ~에 대해; 대략
1086	**style** 스타일, 유행
1087	**author** 작가, 저자
1088	**comic** 우스꽝스러운, 희극의
1089	**humor** 유머, 익살
1090	**joke** 농담

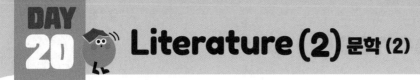

DAY 20 Literature (2) 문학 (2)

다음 단어를 소리 내어 읽으며 세 번 이상 써보세요.

1091	**hero** 영웅, 남자 주인공	
1092	**dragon** 용	
1093	**giant** 거인; 거대한	
1094	**dwarf** 난쟁이	
1095	**witch** 마녀	
1096	**wizard** 마법사	
1097	**angel** 천사	
1098	**god** 신	
1099	**ghost** 유령, 귀신	
1100	**life** 삶, 인생, 생명	

다음 단어를 소리 내어 읽으며 세 번 이상 써보세요.

1101	phone 전화(기)
1102	cell phone 휴대전화
1103	mobile 이동식의
1104	ring 전화가 울리다; 반지, 고리
1105	speak 이야기하다, 말하다
1106	signal 신호
1107	moment 잠깐, 잠시
1108	busy 바쁜, 통화 중인
1109	already 이미, 벌써
1110	again 또, 다시

DAY 22  Telephones (2) 전화 (2)

다음 단어를 소리 내어 읽으며 세 번 이상 써보세요.

1111
battery
배터리, 건전지

1112
charge
충전하다; 요금

1113
dead
작동 안 하는, 죽은

1114
call
전화 (통화); 전화하다, 부르다

1115
number
(전화)번호, 숫자

1116
text
(휴대전화로) 문자를 보내다

1117
message
메시지, 문자

1118
leave
남기고 가다, 떠나다

1119
send
보내다

1120
wrong
잘못된

다음 단어를 소리 내어 읽으며 세 번 이상 써보세요.

1121	**radio** 라디오	
1122	**newspaper** 신문	
1123	**network** 방송망	
1124	**website** 웹사이트	
1125	**print** 인쇄하다	
1126	**information** 정보	
1127	**fact** 사실	
1128	**program** 프로그램	
1129	**news** 뉴스, 소식	
1130	**cartoon** 만화, 만화 영화	

Media (2) 대중매체 (2)

다음 단어를 소리 내어 읽으며 세 번 이상 써보세요.

1131	**culture** 문화	
1132	**matter** 문제	
1133	**speech** 연설	
1134	**case** 경우, 사건, 상자	
1135	**record** 녹화하다, 녹음하다	
1136	**guest** 게스트, 특별 출연자	
1137	**perform** 공연하다	
1138	**announcer** 방송 진행자, 아나운서	
1139	**reporter** (보도) 기자	
1140	**audience** 시청자, 청중	

DAY 25 Signs 안내판

다음 단어를 소리 내어 읽으며 세 번 이상 써보세요.

1141 **enter**
들어가다, 들어오다

1142 **pull**
당기다

1143 **push**
밀다, 누르다

1144 **pick**
꺾다, 따다

1145 **shout**
소리치다

1146 **careful**
조심하는

1147 **sale**
판매, 할인 판매

1148 **noise**
소음

1149 **danger**
위험

1150 **campaign**
캠페인

다음 단어를 소리 내어 읽으며 세 번 이상 써보세요.

1151	**idea** 생각, 아이디어	
1152	**opinion** 의견, 견해	
1153	**plan** 계획; 계획하다	
1154	**think** 생각하다	
1155	**say** 말하다	
1156	**tell** 말하다	
1157	**talk** 말하다	
1158	**another** 또 하나; 또 하나의	
1159	**care** 돌봄; 돌보다, 마음을 쓰다	
1160	**mind** 신경, 생각; 언짢아하다	

DAY 27 Praise 칭찬

다음 단어를 소리 내어 읽으며 세 번 이상 써보세요.

1161
example
본보기, 예시

1162
praise
칭찬; 칭찬하다

1163
proud
자랑스러운

1164
special
특별한

1165
best
최고; 최고의; 가장 잘

1166
excellent
훌륭한

1167
fantastic
환상적인

1168
thank
고마워하다

1169
very
매우

1170
try
시도하다, 노력하다, 먹어 보다

다음 단어를 소리 내어 읽으며 세 번 이상 써보세요.

1171	**agree** 동의하다	

1172	**decide** 결정하다, 결심하다	

1173	**believe** 믿다, 생각하다	

1174	**discuss** ~에 대해 의논하다	

1175	**dialogue** 대화	

1176	**focus** 집중하다; 초점	

1177	**issue** 주제, 안건, 문제	

1178	**against** ~에 반대하여, ~에 대항하여	

1179	**however** 하지만	

1180	**because** ~ 때문에, ~해서	

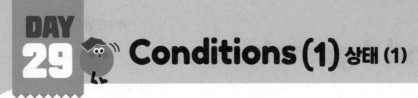
다음 단어를 소리 내어 읽으며 세 번 이상 써보세요.

1181	**condition** 상태, 조건	
1182	**same** (똑)같은	
1183	**different** 다른	
1184	**sure** 확신하는	
1185	**main** 가장 큰, 주된	
1186	**fresh** 신선한	
1187	**bright** 밝은	
1188	**dark** 어두운, 짙은	
1189	**sore** 아픈, 따가운	
1190	**together** 함께, 같이	

DAY 30 Conditions (2) 상태 (2)

다음 단어를 소리 내어 읽으며 세 번 이상 써보세요.

1191	**important** 중요한	

1192	**helpful** 도움이 되는	

1193	**safe** 안전한	

1194	**silent** 조용한	

1195	**alright** 괜찮은, 받아들일 만한	

1196	**aloud** 소리 내어, 큰 소리로	

1197	**please** 기쁘게 하다; 제발	

1198	**control** 조절하다, 통제하다	

1199	**hold** 잡다, (회의를) 열다	

1200	**fail** 실패하다	

MEMO

초등영단어
문장의 시작

Level 4

정답 및 해석

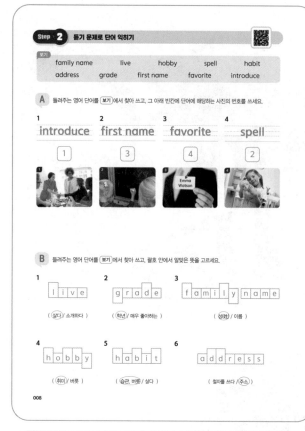

Step 2 듣기 문제로 단어 익히기

보기
| family name | live | hobby | spell | habit |
| address | grade | first name | favorite | introduce |

A 들려주는 영어 단어를 보기 에서 찾아 쓰고, 그 아래 빈칸에 단어에 해당하는 사진의 번호를 쓰세요.

1	2	3	4
introduce	first name	favorite	spell
1	3	4	2

B 들려주는 영어 단어를 보기 에서 찾아 쓰고, 괄호 안에 알맞은 뜻을 고르세요.

1 l i v e
(살다 / 소개하다)

2 g r a d e
(학년 / 매우 좋아하는)

3 f a m i l y n a m e
(성(姓) / 이름)

4 h o b b y
(취미 / 버릇)

5 h a b i t
(습관, 버릇 / 살다)

6 a d d r e s s
(철자를 쓰다 / 주소)

008

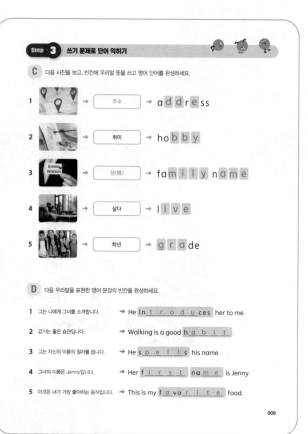

Step 3 쓰기 문제로 단어 익히기

C 다음 사진을 보고, 빈칸에 우리말 뜻을 쓰고 영어 단어를 완성하세요.

1 → 주소 → a d d r e s s

2 → 취미 → h o b b y

3 → 성(姓) → f a m i l y n a m e

4 → 살다 → l i v e

5 → 학년 → g r a d e

D 다음 우리말을 표현한 영어 문장의 빈칸을 완성하세요.

1 그는 나에게 그녀를 소개합니다. → He i n t r o d u c e s her to me.

2 걷기는 좋은 습관입니다. → Walking is a good h a b i t .

3 그는 자신의 이름의 철자를 씁니다. → He s p e l l s his name.

4 그녀의 이름은 Jenny입니다. → Her f i r s t n a m e is Jenny.

5 이것은 내가 가장 좋아하는 음식입니다. → This is my f a v o r i t e food.

009

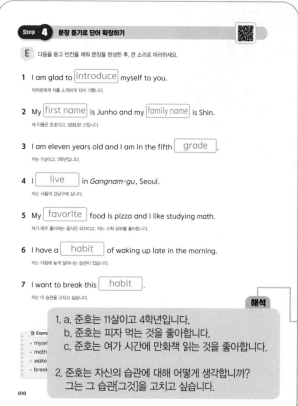

Step 4 문장 듣기로 단어 확장하기

E 다음을 듣고 빈칸을 채워 문장을 완성한 후, 큰 소리로 따라하세요.

1 I am glad to introduce myself to you.
여러분에게 저를 소개하게 되어 기쁩니다.

2 My first name is Junho and my family name is Shin.
제 이름은 준호이고, 성은 신입니다.

3 I am eleven years old and I am in the fifth grade .
저는 11살이고, 5학년입니다.

4 I live in *Gangnam-gu*, Seoul.
저는 서울의 강남구에 삽니다.

5 My favorite food is pizza and I like studying math.
제가 매우 좋아하는 음식은 피자이고, 저는 수학 공부를 좋아합니다.

6 I have a habit of waking up late in the morning.
저는 아침에 늦게 일어나는 습관이 있습니다.

7 I want to break this habit .
저는 이 습관을 고치고 싶습니다.

해석
1. a. 준호는 11살이고 4학년입니다.
　 b. 준호는 피자 먹는 것을 좋아합니다.
　 c. 준호는 여가 시간에 만화책 읽는 것을 좋아합니다.

2. 준호는 자신의 습관에 대해 어떻게 생각합니까?
　 그는 그 습관[그것]을 고치고 싶습니다.

010

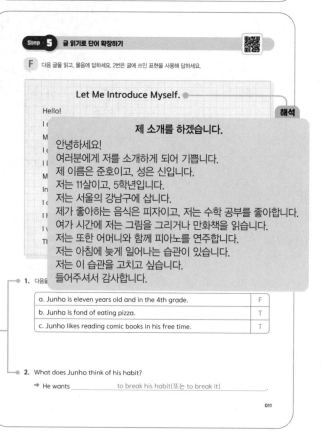

Step 5 글 읽기로 단어 확장하기

F 다음 글을 읽고, 물음에 답하세요. 2번은 글에 쓰인 표현을 사용해 답하세요.

Let Me Introduce Myself.

Hello!

해석
제 소개를 하겠습니다.

안녕하세요!
여러분에게 저를 소개하게 되어 기쁩니다.
제 이름은 준호이고, 성은 신입니다.
저는 11살이고, 5학년입니다.
저는 서울의 강남구에 삽니다.
제가 좋아하는 음식은 피자이고, 저는 수학 공부를 좋아합니다.
여가 시간에 저는 그림을 그리거나 만화책을 읽습니다.
저는 또한 어머니와 함께 피아노를 연주합니다.
저는 아침에 늦게 일어나는 습관이 있습니다.
저는 이 습관을 고치고 싶습니다.
들어주셔서 감사합니다.

1. 다음

a. Junho is eleven years old and in the 4th grade.	F
b. Junho is fond of eating pizza.	T
c. Junho likes reading comic books in his free time.	T

2. What does Junho think of his habit?
→ He wants _____ to break his habit(또는 to break it)

011

DAY 02

Quick Check

1 spell → 철자를 쓰다[말하다] 2 introduce → 소개하다 3 family name → 성(姓) 4 first name → (성이 아닌) 이름

5 favorite → 매우 좋아하는 6 address → 주소 7 live → (특정 장소에) 살다 8 habit → 습관, 버릇 9 hobby → 취미 10 grade → 학년

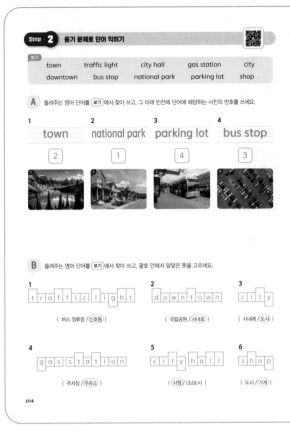

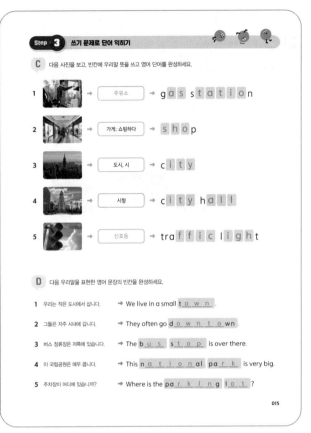

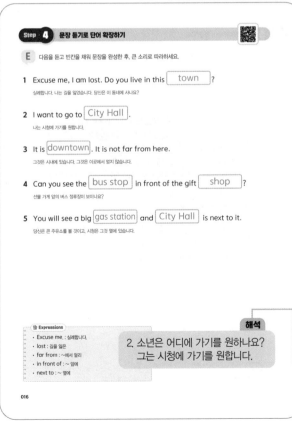

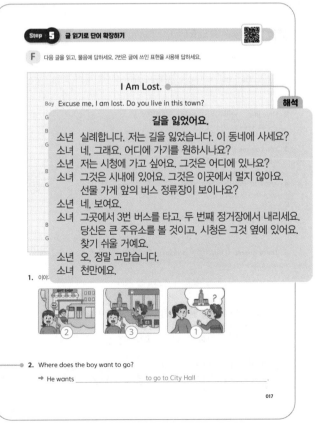

014 015 016 017

정답 및 해석 **35**

DAY 03

Quick Check

1 town → (소)도시, 시내, 동네 2 downtown → 시내에, 시내로 3 city → 도시, 시 4 traffic light → 신호등 5 bus stop → 버스 정류장

6 city hall → 시청 7 gas station → 주유소 8 parking lot → 주차장 9 national park → 국립공원 10 shop → 가게; 쇼핑하다

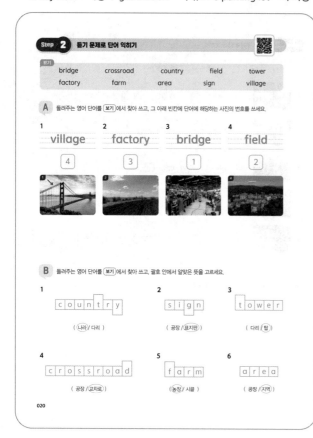

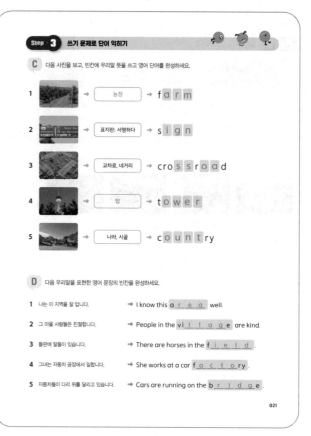

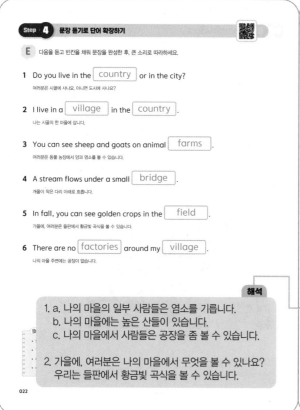

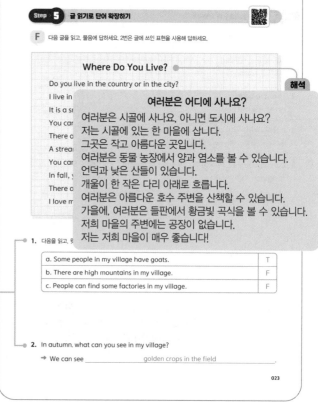

DAY 04

Quick Check

1 field → 들판, 밭 2 bridge → 다리 3 crossroad → 교차로, 네거리 4 tower → 탑 5 village → (시골) 마을

6 sign → 표지판; 서명하다 7 farm → 농장 8 country → 나라, 시골 9 area → 지역, 구역 10 factory → 공장

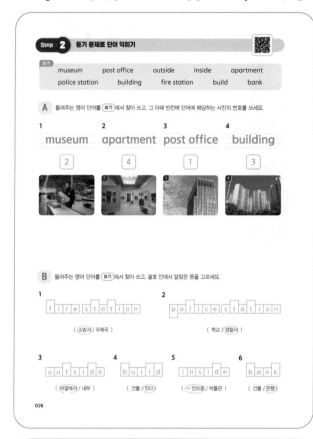

Step 2 듣기 문제로 단어 익히기

보기
| museum | post office | outside | inside | apartment |
| police station | building | fire station | build | bank |

A 들려주는 영어 단어를 보기 에서 찾아 쓰고, 그 아래 빈칸에 단어에 해당하는 사진의 번호를 쓰세요.

1 **museum** [2]
2 **apartment** [4]
3 **post office** [1]
4 **building** [3]

B 들려주는 영어 단어를 보기 에서 찾아 쓰고, 괄호 안에서 알맞은 뜻을 고르세요.

1 f i r e s t a t i o n ((소방서) / 우체국)
2 p o l i c e s t a t i o n (학교 / (경찰서))
3 o u t s i d e ((바깥에서) / 내부)
4 b u i l d (건물 / (짓다))
5 i n s i d e ((~안으로) / 박물관)
6 b a n k (건물 / (은행))

026

Step 3 쓰기 문제로 단어 익히기

C 다음 사진을 보고, 빈칸에 우리말 뜻을 쓰고 영어 단어를 완성하세요.

1 → ~안으로; 내부 → i n side
2 → 짓다, 건설하다 → b u i l d
3 → 소방서 → f i r e s t a t i o n
4 → 경찰서 → p o l i c e s t a t i o n
5 → 바깥쪽; 바깥에서 → o u t side

D 다음 우리말을 표현한 영어 문장의 빈칸을 완성하세요.

1 우리는 시내에 있는 아파트에 삽니다. → We live in an a p a r tment downtown.
2 사람들은 은행에 돈을 저금합니다. → People save money in the b a n k .
3 그 박물관이 월요일에 문을 여나요? → Is the m u s e u m open on Mondays?
4 우체국이 어디인가요? → Where is the p o s t of f i c e ?
5 저 건물은 얼마나 높나요? → How tall is that b u i l d ing ?

027

Step 4 문장 듣기로 단어 확장하기

E 다음을 듣고 빈칸을 채워 문장을 완성한 후, 큰 소리로 따라하세요.

1 It is between the [fire station] and the [post office].
그것은 소방서와 우체국 사이에 있습니다.

2 The [building] is very tall and you can see it from a distance.
그 건물은 매우 높아서 멀리서 그것을 볼 수 있습니다.

3 It is a [museum].
그것은 미술관입니다.

4 [Outside] the [building], there is a beutiful flower garden.
그 건물 밖에는 아름다운 화단이 있습니다.

5 [Inside] the [building], there is a big screen.
그 건물 안에는 대형 화면이 있습니다.

6 Let's visit the [museum] this weekend!
이번 주말에 그 미술관을 방문합시다!

해석

1. a. 우리 마을의 박물관 건물은 매우 높습니다.
   b. 우리는 박물관에서 다른 나라의 그림들을 볼 수 있습니다.
   c. 우리 마을의 많은 버스들이 그 박물관에 갑니다.

2. 박물관 건물 안의 스크린에서는 무엇을 볼 수 있습니까?
   우리는 한국의 사계절을 볼 수 있습니다.

028

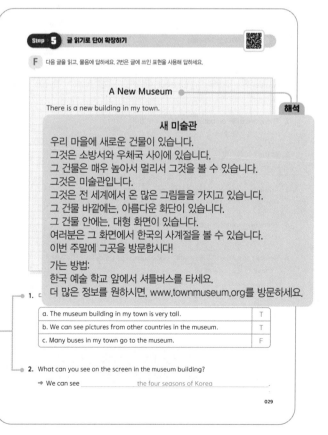

Step 5 글 읽기로 단어 확장하기

F 다음 글을 읽고, 물음에 답하세요. 2번은 글에 쓰인 표현을 사용해 답하세요.

A New Museum

There is a new building in my town.

해석

새 미술관
우리 마을에 새로운 건물이 있습니다.
그것은 소방서와 우체국 사이에 있습니다.
그 건물은 매우 높아서 멀리서 그것을 볼 수 있습니다.
그것은 미술관입니다.
그것은 전 세계에서 온 많은 그림들을 가지고 있습니다.
그 건물 바깥에는, 아름다운 화단이 있습니다.
그 건물 안에는, 대형 화면이 있습니다.
여러분은 그 화면에서 한국의 사계절을 볼 수 있습니다.
이번 주말에 그곳을 방문합시다!

가는 방법:
한국 예술 학교 앞에서 셔틀버스를 타세요.
더 많은 정보를 원하시면, www.townmuseum.org를 방문하세요.

1. 다음

a. The museum building in my town is very tall.	T
b. We can see pictures from other countries in the museum.	T
c. Many buses in my town go to the museum.	F

2. What can you see on the screen in the museum building?
→ We can see _____ the four seasons of Korea _____.

029

DAY 05

Quick Check

1 building → 건물 2 apartment → 아파트 3 police station → 경찰서 4 fire station → 소방서 5 post office → 우체국

6 bank → 은행 7 museum → 박물관, 미술관 8 inside → ~ 안으로; 내부 9 outside → 바깥쪽; 바깥의; 바깥에서 10 build → 짓다, 건설하다

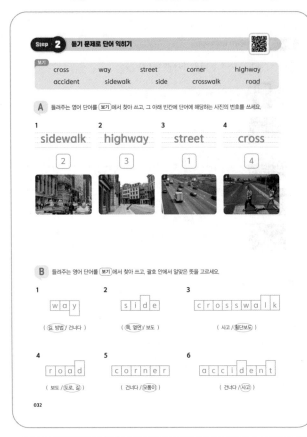

Step 2 듣기 문제로 단어 익히기

보기				
cross	way	street	corner	highway
accident	sidewalk	side	crosswalk	road

A 들려주는 영어 단어를 보기에서 찾아 쓰고, 그 아래 빈칸에 단어에 해당하는 사진의 번호를 쓰세요.

1 sidewalk [2]
2 highway [3]
3 street [1]
4 cross [4]

B 들려주는 영어 단어를 보기에서 찾아 쓰고, 괄호 안에서 알맞은 뜻을 고르세요.

1 w a y (길, 방법 / 건너다)
2 s i d e (쪽, 옆면 / 보도)
3 c r o s s w a l k (사고 / 횡단보도)
4 r o a d (보도 / 도로, 길)
5 c o r n e r (건너다 / 모퉁이)
6 a c c i d e n t (건너다 / 사고)

032

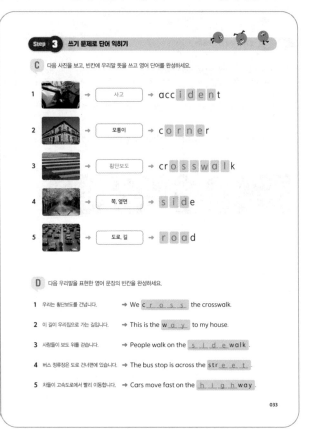

Step 3 쓰기 문제로 단어 익히기

C 다음 사진을 보고, 빈칸에 우리말 뜻을 쓰고 영어 단어를 완성하세요.

1 → 사고 → a c c i d e n t
2 → 모퉁이 → c o r n e r
3 → 횡단보도 → c r o s s w a l k
4 → 쪽, 옆면 → s i d e
5 → 도로, 길 → r o a d

D 다음 우리말을 표현한 영어 문장의 빈칸을 완성하세요.

1 우리는 횡단보도를 건넙니다. → We c r o s s the crosswalk.
2 이 길이 우리집으로 가는 길입니다. → This is the w a y to my house.
3 사람들이 보도 위를 걷습니다. → People walk on the s i d e walk.
4 버스 정류장은 도로 건너편에 있습니다. → The bus stop is across the str e e t.
5 차들이 고속도로에서 빨리 이동합니다. → Cars move fast on the h i g h way.

033

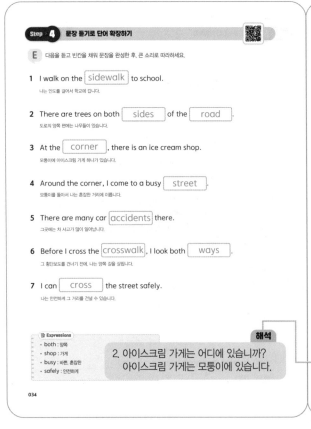

Step 4 문장 듣기로 단어 확장하기

E 다음을 듣고 빈칸을 채워 문장을 완성한 후, 큰 소리로 따라하세요.

1 I walk on the [sidewalk] to school.
나는 인도를 걸어서 학교에 갑니다.

2 There are trees on both [sides] of the [road].
도로의 양쪽 편에는 나무들이 있습니다.

3 At the [corner], there is an ice cream shop.
모퉁이에 아이스크림 가게 하나가 있습니다.

4 Around the corner, I come to a busy [street].
모퉁이를 돌아서 나는 혼잡한 거리에 이릅니다.

5 There are many car [accidents] there.
그곳에는 차 사고가 많이 일어납니다.

6 Before I cross the [crosswalk], I look both [ways].
그 횡단보도를 건너기 전에, 나는 양쪽 길을 살핍니다.

7 I can [cross] the street safely.
나는 안전하게 그 거리를 건널 수 있습니다.

📖 Expressions
· both : 양쪽
· shop : 가게
· busy : 바쁜, 혼잡한
· safely : 안전하게

해석
2. 아이스크림 가게는 어디에 있습니까?
아이스크림 가게는 모퉁이에 있습니다.

034

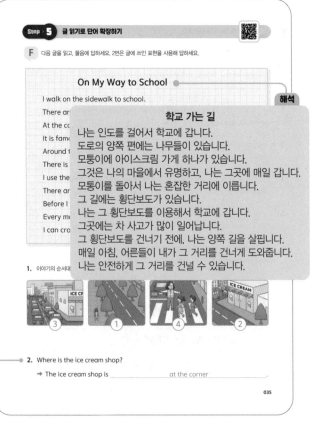

Step 5 글 읽기로 단어 확장하기

F 다음 글을 읽고, 물음에 답하세요. 2번은 글에 쓰인 표현을 사용해 답하세요.

On My Way to School

I walk on the sidewalk to school.
There ar
At the co
It is fam
Around t
There is
I use the
There ar
Before I
Every mo
I can cro

해석
학교 가는 길
나는 인도를 걸어서 학교에 갑니다.
도로의 양쪽 편에는 나무들이 있습니다.
모퉁이에 아이스크림 가게 하나가 있습니다.
그것은 나의 마을에서 유명하고, 나는 그곳에 매일 갑니다.
모퉁이를 돌아서 나는 혼잡한 거리에 이릅니다.
그 길에는 횡단보도가 있습니다.
나는 그 횡단보도를 이용해서 학교에 갑니다.
그곳에는 차 사고가 많이 일어납니다.
그 횡단보도를 건너기 전에, 나는 양쪽 길을 살핍니다.
매일 아침, 어른들이 내가 그 거리를 건너게 도와줍니다.
나는 안전하게 그 거리를 건널 수 있습니다.

1. 이야기의 순서대

③ ① ④ ②

2. Where is the ice cream shop?
→ The ice cream shop is _____ at the corner

035

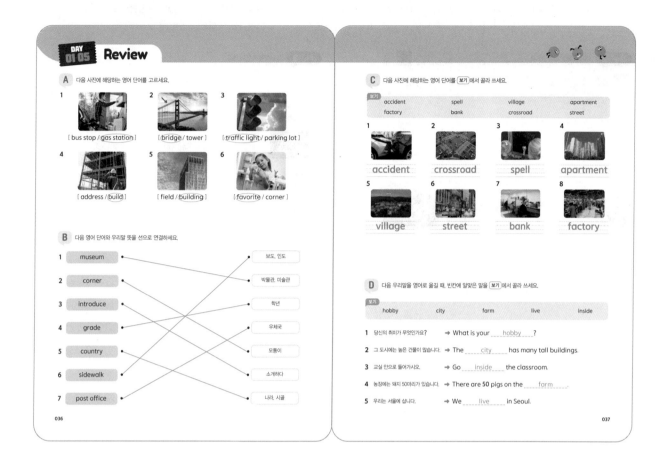

A 다음 사진에 해당하는 영어 단어를 고르세요.

1 [bus stop / gas station]

2 [bridge / tower]

3 [traffic light / parking lot]

4 [address / build]

5 [field / building]

6 [favorite / corner]

B 다음 영어 단어와 우리말 뜻을 선으로 연결하세요.

1 museum
2 corner
3 introduce
4 grade
5 country
6 sidewalk
7 post office

보도, 인도
박물관, 미술관
학년
우체국
모퉁이
소개하다
나라, 시골

C 다음 사진에 해당하는 영어 단어를 보기 에서 골라 쓰세요.

보기

| accident | spell | village | apartment |
| factory | bank | crossroad | street |

1 accident

2 crossroad

3 spell

4 apartment

5 village

6 street

7 bank

8 factory

D 다음 우리말을 영어로 옮길 때, 빈칸에 알맞은 말을 보기 에서 골라 쓰세요.

보기

| hobby | city | farm | live | inside |

1 당신의 취미가 무엇인가요? → What is your ___hobby___?

2 그 도시에는 높은 건물이 많습니다. → The ___city___ has many tall buildings.

3 교실 안으로 들어가시오. → Go ___inside___ the classroom.

4 농장에는 돼지 50마리가 있습니다. → There are 50 pigs on the ___farm___.

5 우리는 서울에 삽니다. → We ___live___ in Seoul.

036

037

DAY 06

Quick Check

1 highway → 고속도로 2 sidewalk → 보도, 인도 3 way → 길, 방법 4 cross → 건너다 5 road → (차가 다니는) 길, 도로

6 street → 거리, 도로, 가(街) 7 corner → 모퉁이 8 accident → (특히 자동차) 사고 9 side → 쪽, 옆면 10 crosswalk → 횡단보도

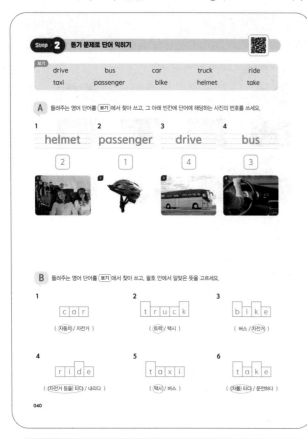

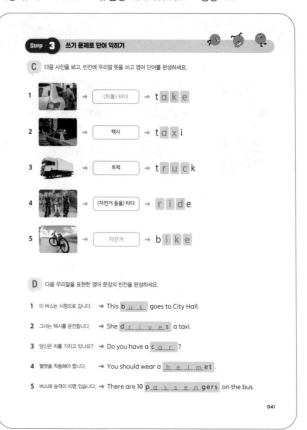

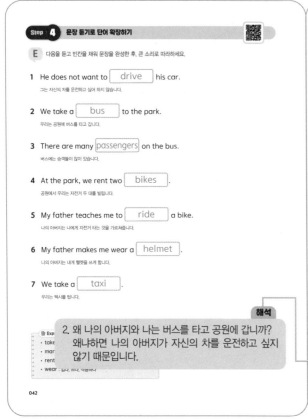

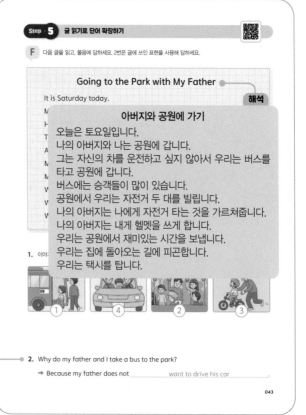

Quick Check

1 helmet → 헬멧 2 truck → 트럭 3 bus → 버스 4 passenger → 승객 5 take → 가져가다, 데려가다, (차를) 타다

6 bike → 자전거 7 car → 자동차 8 drive → 운전하다 9 taxi → 택시 10 ride → (자전거 등을) 타다

Step 2 듣기 문제로 단어 익히기

보기
| subway | ambulance | station | hurry | police car |
| vehicle | service | fire engine | carry | train |

A 들려주는 영어 단어를 보기 에서 찾아 쓰고, 그 아래 빈칸에 단어에 해당하는 사진의 번호를 쓰세요.

1	2	3	4
subway	station	hurry	train
4	2	1	3

B 들려주는 영어 단어를 보기 에서 찾아 쓰고, 괄호 안에서 알맞은 뜻을 고르세요.

1 a m b u l a n c e
(구급차 / 소방차)

2 s e r v i c e
(서비스, 봉사 / 지하철)

3 p o l i c e c a r
(경찰차 / 구급차)

4 c a r r y
(서두르다 / 을 나르다)

5 v e h i c l e
(탈 것 / 기차)

6 f i r e e n g i n e
(경찰차 / 소방차)

046

Step 3 쓰기 문제로 단어 익히기

C 다음 사진을 보고, 빈칸에 우리말 뜻을 쓰고 영어 단어를 완성하세요.

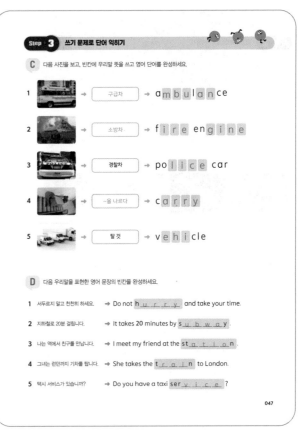

1 → 구급차 → a m b u l a n c e

2 → 소방차 → f i r e e n g i n e

3 → 경찰차 → p o l i c e car

4 → ~을 나르다 → c a r r y

5 → 탈 것 → v e h i c l e

D 다음 우리말을 표현한 영어 문장의 빈칸을 완성하세요.

1 서두르지 말고 천천히 하세요. → Do not h u r r y and take your time.

2 지하철로 20분 걸립니다. → It takes 20 minutes by s u b w a y .

3 나는 역에서 친구를 만납니다. → I meet my friend at the s t a t i o n .

4 그녀는 런던까지 기차를 탑니다. → She takes the t r a i n to London.

5 택시 서비스가 있습니까? → Do you have a taxi s e r v i c e ?

047

Step 4 문장 듣기로 단어 확장하기

E 다음을 듣고 빈칸을 채워 문장을 완성한 후, 큰 소리로 따라하세요.

1 We can use and see service vehicles every day.
우리는 매일 서비스 차량들을 이용하고 볼 수 있습니다.

2 We can travel by buses, trains , and subways .
우리는 버스, 기차, 그리고 지하철을 타고 이동할 수 있습니다.

3 Sick people need the help of an ambulance .
아픈 사람들은 구급차의 도움이 필요합니다.

4 They carry sick people to the hospital.
그것들은 아픈 사람들을 병원으로 실어갑니다.

5 A fire engine has a ladder and a water hose.
소방차는 사다리와 물 호스를 가지고 있습니다.

6 A police car runs to the place of the accident.
경찰차는 사고 장소로 달려갑니다.

해석

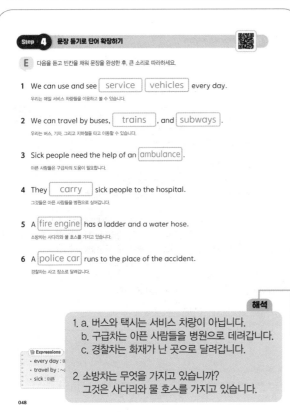

1. a. 버스와 택시는 서비스 차량이 아닙니다.
   b. 구급차는 아픈 사람들을 병원으로 데려갑니다.
   c. 경찰차는 화재가 난 곳으로 달려갑니다.

2. 소방차는 무엇을 가지고 있습니까?
   그것은 사다리와 물 호스를 가지고 있습니다.

📝 Expressions
· every day :
· travel by :
· sick : 아픈

048

Step 5 글 읽기로 단어 확장하기

F 다음 글을 읽고, 물음에 답하세요. 2번은 글에 쓰인 표현을 사용해 답하세요.

Service Vehicles

We can use and see service vehicles every day.

해석

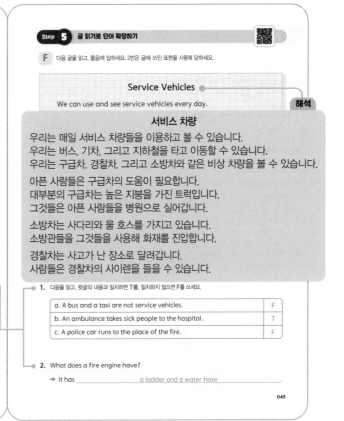

서비스 차량

우리는 매일 서비스 차량들을 이용하고 볼 수 있습니다.
우리는 버스, 기차, 그리고 지하철을 타고 이동할 수 있습니다.
우리는 구급차, 경찰차, 그리고 소방차와 같은 비상 차량을 볼 수 있습니다.
아픈 사람들은 구급차의 도움이 필요합니다.
대부분의 구급차는 높은 지붕을 가진 트럭입니다.
그것들은 아픈 사람들을 병원으로 실어갑니다.
소방차는 사다리와 물 호스를 가지고 있습니다.
소방관들을 그것들을 사용해 화재를 진압합니다.
경찰차는 사고가 난 장소로 달려갑니다.
사람들은 경찰차의 사이렌을 들을 수 있습니다.

1. 다음을 읽고, 윗글의 내용과 일치하면 T를, 일치하지 않으면 F를 쓰세요.

a. A bus and a taxi are not service vehicles.	F
b. An ambulance takes sick people to the hospital.	T
c. A police car runs to the place of the fire.	F

2. What does a fire engine have?
→ It has _____a ladder and a water hose_____.

049

Quick Check

1 hurry → 서두름; 서두르다 2 vehicle → 탈 것 3 carry → ~을 나르다 4 service → 서비스, 봉사 5 police car → 경찰차

6 ambulance → 구급차 7 train → 기차 8 station → 기차역 9 subway → 지하철 10 fire engine → 소방차

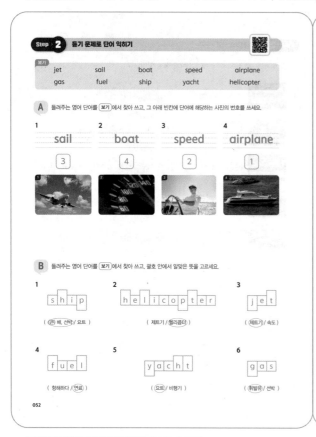

Step 2 듣기 문제로 단어 익히기

보기				
jet	sail	boat	speed	airplane
gas	fuel	ship	yacht	helicopter

A 들려주는 영어 단어를 보기 에서 찾아 쓰고, 그 아래 빈칸에 단어에 해당하는 사진의 번호를 쓰세요.

1	2	3	4
sail	boat	speed	airplane
3	4	2	1

B 들려주는 영어 단어를 보기 에서 찾아 쓰고, 괄호 안에서 알맞은 뜻을 고르세요.

1 s h i p
((큰) 배, 선박 / 요트)

2 h e l i c o p t e r
(제트기 / 헬리콥터)

3 j e t
(제트기 / 속도)

4 f u e l
(항해하다 / 연료)

5 y a c h t
(요트 / 비행기)

6 g a s
(휘발유 / 선박)

052

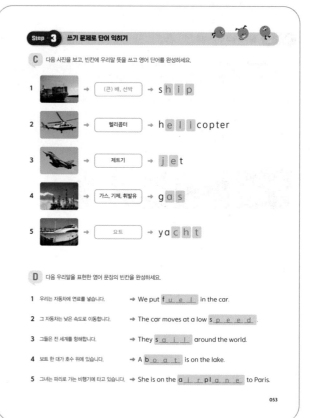

Step 3 쓰기 문제로 단어 익히기

C 다음 사진을 보고, 빈칸에 우리말 뜻을 쓰고 영어 단어를 완성하세요.

1 → (큰) 배, 선박 → s h i p

2 → 헬리콥터 → h e l i c opter

3 → 제트기 → j e t

4 → 가스, 기체, 휘발유 → g a s

5 → 요트 → ya c h t

D 다음 우리말을 표현한 영어 문장의 빈칸을 완성하세요.

1 우리는 자동차에 연료를 넣습니다.
→ We put f u e l in the car.

2 그 자동차는 낮은 속도로 이동합니다.
→ The car moves at a low s p e e d.

3 그들은 전 세계를 항해합니다.
→ They s a i l around the world.

4 보트 한 대가 호수 위에 있습니다.
→ A b o a t is on the lake.

5 그녀는 파리로 가는 비행기에 타고 있습니다.
→ She is on the a i r p l a n e to Paris.

053

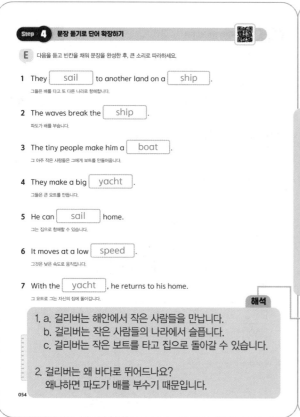

Step 4 문장 듣기로 단어 확장하기

E 다음을 듣고 빈칸을 채워 문장을 완성한 후, 큰 소리로 따라하세요.

1 They [sail] to another land on a [ship].
그들은 배를 타고 또 다른 나라로 항해합니다.

2 The waves break the [ship].
파도가 배를 부숩니다.

3 The tiny people make him a [boat].
그 아주 작은 사람들은 그에게 보트를 만들어줍니다.

4 They make a big [yacht].
그들은 큰 요트를 만듭니다.

5 He can [sail] home.
그는 집으로 항해할 수 있습니다.

6 It moves at a low [speed].
그것은 낮은 속도로 움직입니다.

7 With the [yacht], he returns to his home.
그 요트로 그는 자신의 집에 돌아갑니다.

해석

1. a. 걸리버는 해안에서 작은 사람들을 만납니다.
   b. 걸리버는 작은 사람들의 나라에서 슬픕니다.
   c. 걸리버는 작은 보트를 타고 집으로 돌아갈 수 있습니다.

2. 걸리버는 왜 바다로 뛰어드나요?
   왜냐하면 파도가 배를 부수기 때문입니다.

054

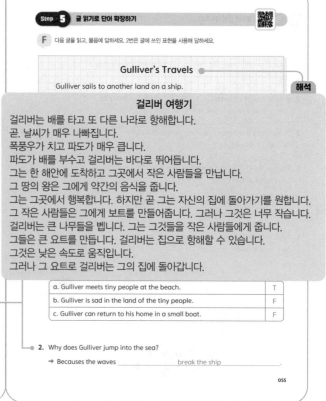

Step 5 글 읽기로 단어 확장하기

F 다음 글을 읽고, 물음에 답하세요. 2번은 글에 쓰인 표현을 사용해 답하세요.

Gulliver's Travels

Gulliver sails to another land on a ship.

해석

걸리버 여행기

걸리버는 배를 타고 또 다른 나라로 항해합니다.
곧, 날씨가 매우 나빠집니다.
폭풍우가 치고 파도가 매우 큽니다.
파도가 배를 부수고 걸리버는 바다로 뛰어듭니다.
그는 한 해안에 도착하고 그곳에서 작은 사람들을 만납니다.
그 땅의 왕은 그에게 약간의 음식을 줍니다.
그는 그곳에서 행복합니다. 하지만 곧 그는 자신의 집에 돌아가기를 원합니다.
그 작은 사람들은 그에게 보트를 만들어줍니다. 그러나 그것은 너무 작습니다.
걸리버는 큰 나무들을 벱니다. 그는 그것들을 작은 사람들에게 줍니다.
그들은 큰 요트를 만듭니다. 걸리버는 집으로 항해할 수 있습니다.
그것은 낮은 속도로 움직입니다.
그러나 그 요트로 걸리버는 그의 집에 돌아갑니다.

a. Gulliver meets tiny people at the beach.	T
b. Gulliver is sad in the land of the tiny people.	F
c. Gulliver can return to his home in a small boat.	F

2. Why does Gulliver jump into the sea?
→ Becauses the waves _____ break the ship

055

DAY 09

Quick Check
1 yacht → 요트 2 sail → 항해하다 3 jet → 제트기 4 speed → 속도 5 ship → (큰) 배, 선박
6 boat → (작은) 배, 보트 7 airplane → 비행기 8 helicopter → 헬리콥터 9 fuel → 연료 10 gas → 가스, 기체, 휘발유

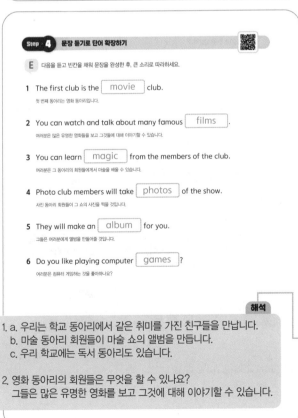

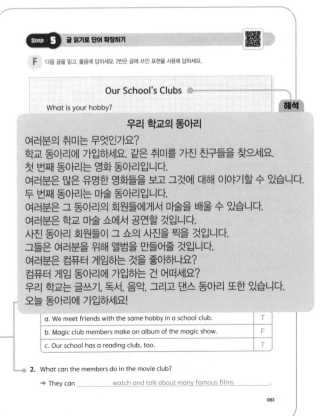

Quick Check

1 Internet → 인터넷 2 photo → 사진 3 stamp → 우표 4 magic → 마술 5 movie → 영화

6 album → 앨범, 사진첩 7 film → 영화; 촬영하다 8 hunt → 사냥하다 9 game → 게임, 경기 10 drama → 드라마, 극

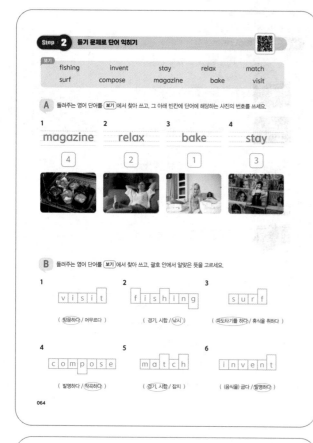

Step 2 듣기 문제로 단어 익히기

보기

| fishing | invent | stay | relax | match |
| surf | compose | magazine | bake | visit |

A 들려주는 영어 단어를 보기에서 찾아 쓰고, 그 아래 빈칸에 단어에 해당하는 사진의 번호를 쓰세요.

1 magazine [4]
2 relax [2]
3 bake [1]
4 stay [3]

B 들려주는 영어 단어를 보기에서 찾아 쓰고, 괄호 안에서 알맞은 뜻을 고르세요.

1 v i s i t (방문하다 / 머무르다)
2 f i s h i n g (경기, 시합 / 낚시)
3 s u r f (파도타기를 하다 / 휴식을 취하다)
4 c o m p o s e (발명하다 / 작곡하다)
5 m a t c h (경기, 시합 / 잡지)
6 i n v e n t ((음식을) 굽다 / 발명하다)

064

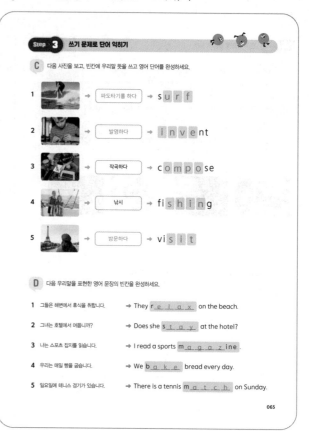

Step 3 쓰기 문제로 단어 익히기

C 다음 사진을 보고, 빈칸에 우리말 뜻을 쓰고 영어 단어를 완성하세요.

1 파도타기를 하다 → s u r f
2 발명하다 → i n v e n t
3 작곡하다 → c o m p o s e
4 낚시 → f i s h i n g
5 방문하다 → v i s i t

D 다음 우리말을 표현한 영어 문장의 빈칸을 완성하세요.

1 그들은 해변에서 휴식을 취합니다. → They r e l a x on the beach.
2 그녀는 호텔에서 머무니까? → Does she s t a y at the hotel?
3 나는 스포츠 잡지를 읽습니다. → I read a sports m a g a z ine.
4 우리는 매일 빵을 굽습니다. → We b a k e bread every day.
5 일요일에 테니스 경기가 있습니다. → There is a tennis m a t c h on Sunday.

065

Step 4 문장 듣기로 단어 확장하기

E 다음을 듣고 빈칸을 채워 문장을 완성한 후, 큰 소리로 따라하세요.

1 I visit my grandparents.
나는 할머니 할아버지를 방문합니다.

2 I stay with them and just relax there.
나는 그들과 머무르며 그곳에서 그냥 쉽니다.

3 We surf or go fishing.
우리는 서핑을 하거나 낚시를 합니다.

4 I lie on the sand and read magazines.
나는 모래에 누워서 잡지를 읽습니다.

5 I bake cookies with my mom.
나는 나의 엄마와 쿠키를 굽습니다.

6 I like to invent things in my free time.
나는 여가 시간에 물건들을 발명하는 것을 좋아합니다.

해석

2. Joan은 자신의 쿠키를 누구에게 주나요?
그녀는 그것들을 그녀의 사촌이나 반 친구들에게 줍니다.

Expressions
• lie : 눕다
• thing : 물건
• free time : 여가 시간

066

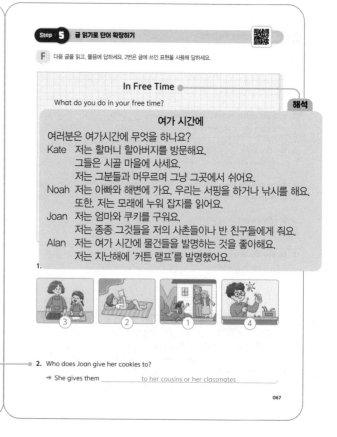

Step 5 글 읽기로 단어 확장하기

F 다음 글을 읽고, 물음에 답하세요. 2번은 글에 쓰인 표현을 사용해 답하세요.

In Free Time

What do you do in your free time?

해석

여가 시간에

여러분은 여가시간에 무엇을 하나요?

Kate 저는 할머니 할아버지를 방문해요.
그들은 시골 마을에 사세요.
저는 그분들과 머무르며 그냥 그곳에서 쉬어요.

Noah 저는 아빠와 해변에 가요. 우리는 서핑을 하거나 낚시를 해요.
또한, 저는 모래에 누워 잡지를 읽어요.

Joan 저는 엄마와 쿠키를 구워요.
저는 종종 그것들을 저의 사촌이나 반 친구들에게 줘요.

Alan 저는 여가 시간에 물건들을 발명하는 것을 좋아해요.
저는 지난해에 '커튼 램프'를 발명했어요.

1.

[3] [2] [1] [4]

2. Who does Joan give her cookies to?
→ She gives them _____ to her cousins or her classmates.

067

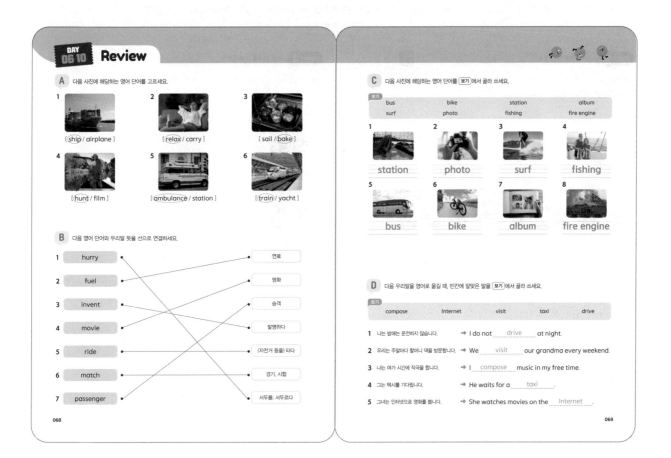

A 다음 사진에 해당하는 영어 단어를 고르세요.

1 [ship / airplane]

2 [relax / carry]

3 [sail / bake]

4 [hunt / film]

5 [ambulance / station]

6 [train / yacht]

B 다음 영어 단어와 우리말 뜻을 선으로 연결하세요.

1 hurry · · 연료
2 fuel · · 영화
3 invent · · 승객
4 movie · · 발명하다
5 ride · · (자전거 동물) 타다
6 match · · 경기, 시합
7 passenger · · 서두름; 서두르다

C 다음 사진에 해당하는 영어 단어를 보기에서 골라 쓰세요.

보기
bus   bike   station   album
surf   photo   fishing   fire engine

1 station

2 photo

3 surf

4 fishing

5 bus

6 bike

7 album

8 fire engine

D 다음 우리말을 영어로 옮길 때, 빈칸에 알맞은 말을 보기에서 골라 쓰세요.

보기
compose   Internet   visit   taxi   drive

1 나는 밤에는 운전하지 않습니다. → I do not ___drive___ at night.

2 우리는 주말마다 할머니 댁을 방문합니다. → We ___visit___ our grandma every weekend.

3 나는 여가 시간에 작곡을 합니다. → I ___compose___ music in my free time.

4 그는 택시를 기다립니다. → He waits for a ___taxi___.

5 그녀는 인터넷으로 영화를 봅니다. → She watches movies on the ___Internet___.

068

069

DAY 11

Quick Check
1 visit → 방문하다 2 bake → (음식을) 굽다 3 fishing → 낚시 4 match → 경기, 시합 5 surf → 파도타기하다, 인터넷을 검색하다
6 relax → 휴식을 취하다 7 compose → 작곡하다 8 stay → 머무르다, 지내다 9 magazine → 잡지 10 invent → 발명하다

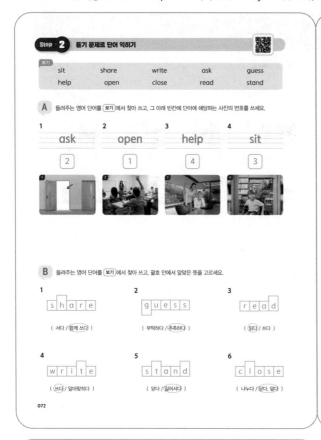

Step 2 듣기 문제로 단어 익히기

보기

| sit | share | write | ask | guess |
| help | open | close | read | stand |

A 들려주는 영어 단어를 보기 에서 찾아 쓰고, 그 아래 빈칸에 단어에 해당하는 사진의 번호를 쓰세요.

1	2	3	4
ask	open	help	sit
2	1	4	3

B 들려주는 영어 단어를 보기 에서 찾아 쓰고, 괄호 안에서 알맞은 뜻을 고르세요.

1 s h a r e (서다 / 함께 쓰다)
2 g u e s s (부탁하다 / 추측하다)
3 r e a d (읽다 / 쓰다)
4 w r i t e (쓰다 / 알아맞히다)
5 s t a n d (닫다 / 일어서다)
6 c l o s e (나누다 / 닫다, 덮다)

072

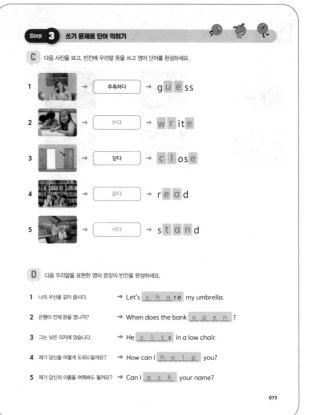

Step 3 쓰기 문제로 단어 익히기

C 다음 사진을 보고, 빈칸에 우리말 뜻을 쓰고 영어 단어를 완성하세요.

1 → 추측하다 → g u e s s
2 → 쓰다 → w r i t e
3 → 닫다 → c l o s e
4 → 읽다 → r e a d
5 → 서다 → s t a n d

D 다음 우리말을 표현한 영어 문장의 빈칸을 완성하세요.

1 나의 우산을 같이 씁시다. → Let's s h a r e my umbrella.
2 은행이 언제 문을 엽니까? → When does the bank o p e n ?
3 그는 낮은 의자에 앉습니다. → He s i t s in a low chair.
4 제가 당신을 어떻게 도와드릴까요? → How can I h e l p you?
5 제가 당신의 이름을 여쭤봐도 될까요? → Can I a s k your name?

073

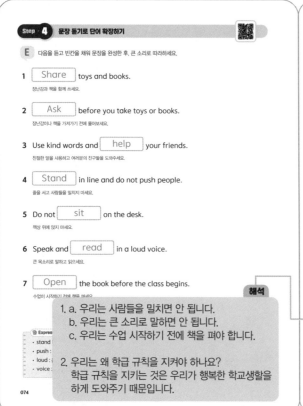

Step 4 문장 듣기로 단어 확장하기

E 다음을 듣고 빈칸을 채워 문장을 완성한 후, 큰 소리로 따라하세요.

1 Share toys and books.
장난감과 책을 함께 쓰세요.

2 Ask before you take toys or books.
장난감이나 책을 가져가기 전에 물어보세요.

3 Use kind words and help your friends.
친절한 말을 사용하고 여러분의 친구들을 도와주세요.

4 Stand in line and do not push people.
줄을 서고 사람들을 밀치지 마세요.

5 Do not sit on the desk.
책상 위에 앉지 마세요.

6 Speak and read in a loud voice.
큰 목소리로 말하고 읽으세요.

7 Open the book before the class begins.
수업이 시작하기 전에 책을 펴세요.

해석
1. a. 우리는 사람들을 밀치면 안 됩니다.
   b. 우리는 큰 소리로 말하면 안 됩니다.
   c. 우리는 수업 시작하기 전에 책을 펴야 합니다.

2. 우리는 왜 학급 규칙을 지켜야 하나요?
   학급 규칙을 지키는 것은 우리가 행복한 학교생활을
   하게 도와주기 때문입니다.

074

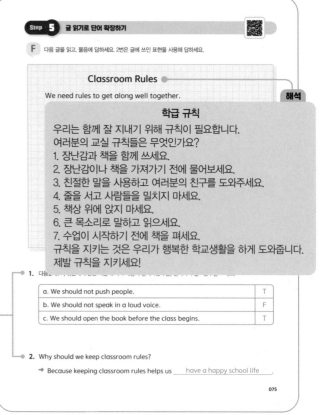

Step 5 글 읽기로 단어 확장하기

F 다음 글을 읽고, 물음에 답하세요. 2번은 글에 쓰인 표현을 사용해 답하세요.

Classroom Rules

We need rules to get along well together.

해석
학급 규칙
우리는 함께 잘 지내기 위해 규칙이 필요합니다.
여러분의 교실 규칙들은 무엇인가요?
1. 장난감과 책을 함께 쓰세요.
2. 장난감이나 책을 가져가기 전에 물어보세요.
3. 친절한 말을 사용하고 여러분의 친구를 도와주세요.
4. 줄을 서고 사람들을 밀치지 마세요.
5. 책상 위에 앉지 마세요.
6. 큰 목소리로 말하고 읽으세요.
7. 수업이 시작하기 전에 책을 펴세요.
규칙을 지키는 것은 우리가 행복한 학교생활을 하게 도와줍니다.
제발 규칙을 지키세요!

1.
a. We should not push people.	T
b. We should not speak in a loud voice.	F
c. We should open the book before the class begins.	T

2. Why should we keep classroom rules?
→ Because keeping classroom rules helps us have a happy school life .

075

DAY 12

Quick Check

1 help → 돕다; 도움 2 share → 함께 쓰다, 나누다 3 ask → 묻다, 부탁하다 4 guess → 추측하다, 알아맞히다; 추측 5 stand → 서다, 일어서다

6 open → 열다, (책을) 펴다; 열린 7 close → 닫다, (책을) 덮다; 가까운 8 read → 읽다 9 write → 쓰다 10 sit → 앉다

Step 2 듣기 문제로 단어 익히기

보기

| learn | group | absent | memory | line |
| note | member | repeat | question | answer |

A 들려주는 영어 단어를 보기에서 찾아 쓰고, 그 아래 빈칸에 단어에 해당하는 사진의 번호를 쓰세요.

1 group [3]
2 line [4]
3 note [2]
4 repeat [1]

B 들려주는 영어 단어를 보기에서 찾아 쓰고, 괄호 안에서 알맞은 뜻을 고르세요.

1 learn (대답하다 / **배우다**)
2 answer (반복하다 / **대답하다**)
3 memory (회원 / **기억력**)
4 member (단체 / **구성원**)
5 absent (**결석한** / 반복하다)
6 question (대답 / **질문**)

078

Step 3 쓰기 문제로 단어 익히기

C 다음 사진을 보고, 빈칸에 우리말 뜻을 쓰고 영어 단어를 완성하세요.

1 → 대답; 대답하다 → an s wer
2 → 기억, 기억력 → m e m o ry
3 → 배우다 → l earn
4 → 회원, 구성원 → m e mber
5 → 결석한 → a b sent

D 다음 우리말을 표현한 영어 문장의 빈칸을 완성하세요.

1 그 질문을 반복해주실 수 있나요? → Can you re p e a t the question?
2 우리 모둠은 금요일 오전에 만납니다. → Our g r o u p meets on Friday mornings.
3 이제, 그들은 답을 압니다. → Now, they know the an s w e r .
4 시험 날짜를 메모해두세요. → Please make a n o t e of the test dates.
5 제가 질문 하나 해도 될까요? → Can I ask you a q u e s tion ?

079

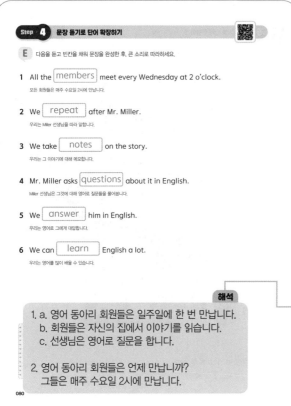

Step 4 문장 듣기로 단어 확장하기

E 다음을 듣고 빈칸을 채워 문장을 완성한 후, 큰 소리로 따라하세요.

1 All the members meet every Wednesday at 2 o'clock.
모든 회원들은 매주 수요일 2시에 만납니다.

2 We repeat after Mr. Miller.
우리는 Miller 선생님을 따라 말합니다.

3 We take notes on the story.
우리는 그 이야기에 대해 메모합니다.

4 Mr. Miller asks questions about it in English.
Miller 선생님은 그것에 대해 영어로 질문을 물어봅니다.

5 We answer him in English.
우리는 영어로 그에게 대답합니다.

6 We can learn English a lot.
우리는 영어를 많이 배울 수 있습니다.

해석

1. a. 영어 동아리 회원들은 일주일에 한 번 만납니다.
   b. 회원들은 자신의 집에서 이야기를 읽습니다.
   c. 선생님은 영어로 질문을 합니다.

2. 영어 동아리 회원들은 언제 만납니까?
   그들은 매주 수요일 2시에 만납니다.

080

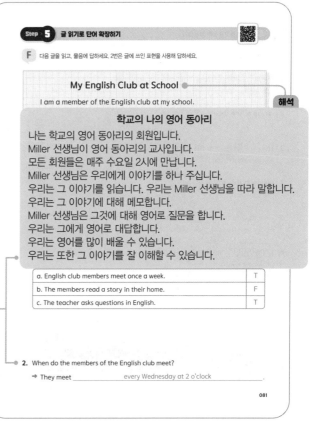

Step 5 글 읽기로 단어 확장하기

F 다음 글을 읽고, 물음에 답하세요. 2번은 글에 쓰인 표현을 사용해 답하세요.

My English Club at School

I am a member of the English club at my school.

해석

학교의 나의 영어 동아리
나는 학교의 영어 동아리의 회원입니다.
Miller 선생님이 영어 동아리의 교사입니다.
모든 회원들은 매주 수요일 2시에 만납니다.
Miller 선생님은 우리에게 이야기를 하나 주십니다.
우리는 그 이야기를 읽습니다. 우리는 Miller 선생님을 따라 말합니다.
우리는 그 이야기에 대해 메모합니다.
Miller 선생님은 그것에 대해 영어로 질문을 합니다.
우리는 그에게 영어로 대답합니다.
우리는 영어를 많이 배울 수 있습니다.
우리는 또한 그 이야기를 잘 이해할 수 있습니다.

a. English club members meet once a week.	T
b. The members read a story in their home.	F
c. The teacher asks questions in English.	T

2. When do the members of the English club meet?
→ They meet every Wednesday at 2 o'clock .

081

Quick Check

1 absent → 결석한 2 repeat → 반복하다 3 line → 줄, 선 4 group → 모둠, 단체 5 member → 회원, 구성원

6 question → 질문, 문제 7 learn → 배우다 8 note → 메모, 필기 9 memory → 기억, 기억력 10 answer → 대답; 대답하다

Step 2 듣기 문제로 단어 익히기

보기
| clerk | store | refund | sell | grocery store |
| form | design | customer | cost | exchange |

A 들려주는 영어 단어를 보기 에서 찾아 쓰고, 그 아래 빈칸에 단어에 해당하는 사진의 번호를 쓰세요.

1 sell [4]
2 design [3]
3 form [1]
4 refund [2]

B 들려주는 영어 단어를 보기 에서 찾아 쓰고, 괄호 안에서 알맞은 뜻을 고르세요.

1 e x c h a n g e (교환하다 / 팔다)
2 g r o c e r y s t o r e (식료품 가게 / 고객)
3 c o s t ((비용이) 들다 / 환불금)
4 s t o r e (상점 / 교환)
5 c u s t o m e r (점원 / 고객)
6 c l e r k (고객 / 직원)

084

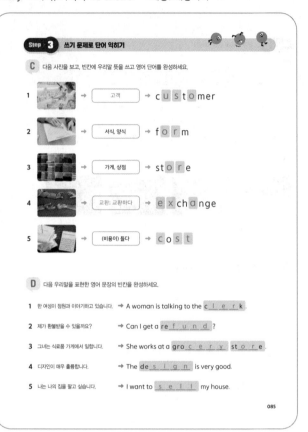

Step 3 쓰기 문제로 단어 익히기

C 다음 사진을 보고, 빈칸에 우리말 뜻을 쓰고 영어 단어를 완성하세요.

1 → 고객 → c u s t o m e r
2 → 서식, 양식 → f o r m
3 → 가게, 상점 → s t o r e
4 → 교환; 교환하다 → e x c h a n g e
5 → (비용이) 들다 → c o s t

D 다음 우리말을 표현한 영어 문장의 빈칸을 완성하세요.

1 한 여성이 점원과 이야기하고 있습니다. → A woman is talking to the c l e r k .
2 제가 환불받을 수 있을까요? → Can I get a r e f u n d ?
3 그녀는 식료품 가게에 일합니다. → She works at a g r o c e r y s t o r e .
4 디자인이 매우 훌륭합니다. → The d e s i g n is very good.
5 나는 나의 집을 팔고 싶습니다. → I want to s e l l my house.

085

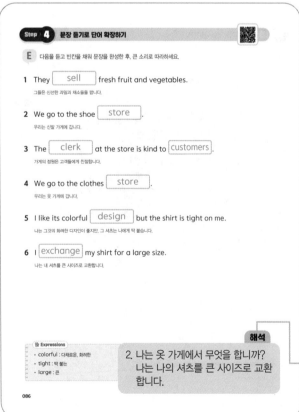

Step 4 문장 듣기로 단어 확장하기

E 다음을 듣고 빈칸을 채워 문장을 완성한 후, 큰 소리로 따라하세요.

1 They [sell] fresh fruit and vegetables.
그들은 신선한 과일과 채소들을 팝니다.

2 We go to the shoe [store] .
우리는 신발 가게에 갑니다.

3 The [clerk] at the store is kind to [customers]
가게의 점원은 고객들에게 친절합니다.

4 We go to the clothes [store] .
우리는 옷 가게에 갑니다.

5 I like its colorful [design] but the shirt is tight on me.
나는 그것의 화려한 디자인이 좋지만, 그 셔츠는 나에게 딱 붙습니다.

6 I [exchange] my shirt for a large size.
나는 내 셔츠를 큰 사이즈로 교환합니다.

Expressions
• colorful : 다채로운, 화려한
• tight : 딱 붙는
• large : 큰

해석
2. 나는 옷 가게에서 무엇을 합니까?
나는 나의 셔츠를 큰 사이즈로 교환합니다.

086

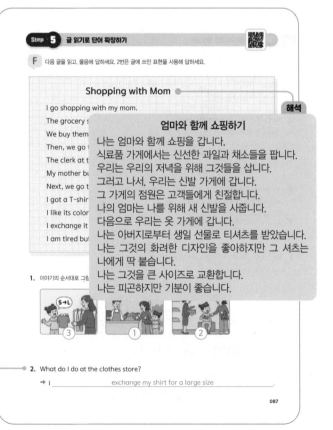

Step 5 글 읽기로 단어 확장하기

F 다음 글을 읽고, 물음에 답하세요. 2번은 글에 쓰인 표현을 사용해 답하세요.

Shopping with Mom

I go shopping with my mom.
The grocery s...
We buy them...
Then, we go...
The clerk at...
My mother bu...
Next, we go t...
I got a T-shir...
I like its color...
I exchange it...
I am tired but...

해석
엄마와 함께 쇼핑하기
나는 엄마와 함께 쇼핑을 갑니다.
식료품 가게에서는 신선한 과일과 채소들을 팝니다.
우리는 우리의 저녁을 위해 그것들을 삽니다.
그러고 나서, 우리는 신발 가게에 갑니다.
그 가게의 점원은 고객들에게 친절합니다.
나의 엄마는 나를 위해 새 신발을 사줍니다.
다음으로 우리는 옷 가게에 갑니다.
나는 아버지로부터 생일 선물로 티셔츠를 받았습니다.
나는 그것의 화려한 디자인을 좋아하지만 그 셔츠는 나에게 딱 붙습니다.
나는 그것을 큰 사이즈로 교환합니다.
나는 피곤하지만 기분이 좋습니다.

1. 이야기의 순서대로 그림...

[S→L] [3] [1] [2]

2. What do I do at the clothes store?
→ I ___ exchange my shirt for a large size

087

Quick Check

1 grocery store → 식료품 가게 2 clerk → 점원, 직원 3 customer → 고객 4 exchange → 교환; 교환하다 5 form → 서식, 양식

6 sell → 팔다 7 cost → (비용이) ~이다[들다] 8 store → 가게; 저장하다 9 design → 디자인; 디자인하다 10 refund → 환불(금); 환불하다

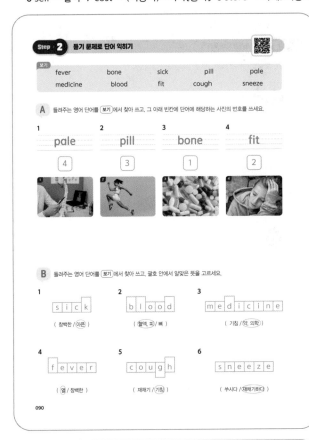

Step 2 듣기 문제로 단어 익히기

보기
| fever | bone | sick | pill | pale |
| medicine | blood | fit | cough | sneeze |

A 들려주는 영어 단어를 보기에서 찾아 쓰고, 그 아래 빈칸에 단어에 해당하는 사진의 번호를 쓰세요.

1 pale [4]
2 pill [3]
3 bone [1]
4 fit [2]

B 들려주는 영어 단어를 보기에서 찾아 쓰고, 괄호 안에서 알맞은 뜻을 고르세요.

1 s i c k (창백한 / 아픈)
2 b l o o d (혈액, 피 / 뼈)
3 m e d i c i n e (기침 / 약, 의학)
4 f e v e r (열 / 창백한)
5 c o u g h (재채기 / 기침)
6 s n e e z e (쑤시다 / 재채기하다)

090

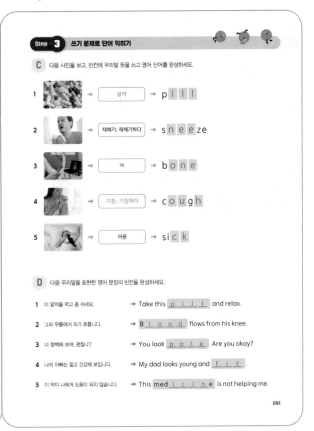

Step 3 쓰기 문제로 단어 익히기

C 다음 사진을 보고, 빈칸에 우리말 뜻을 쓰고 영어 단어를 완성하세요.

1 → 알약 → p i l l
2 → 재채기; 재채기하다 → s n e e ze
3 → 뼈 → b o n e
4 → 기침; 기침하다 → c o u g h
5 → 아픈 → si c k

D 다음 우리말을 표현한 영어 문장의 빈칸을 완성하세요.

1 이 알약을 먹고 좀 쉬세요. → Take this p i l l and relax.
2 그의 무릎에서 피가 흐릅니다. → B l o o d flows from his knee.
3 너 창백해 보여. 괜찮니? → You look p a l e . Are you okay?
4 나의 아빠는 젊고 건강해 보입니다. → My dad looks young and f i t .
5 이 약이 나에게 도움이 되지 않습니다. → This med i c i n e is not helping me.

091

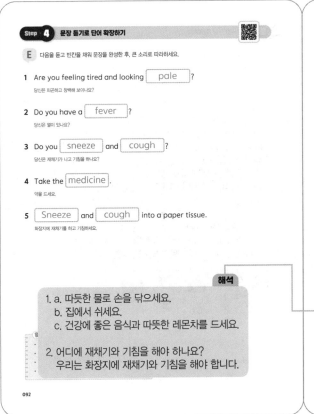

Step 4 문장 듣기로 단어 확장하기

E 다음을 듣고 빈칸을 채워 문장을 완성한 후, 큰 소리로 따라하세요.

1 Are you feeling tired and looking [pale]?
당신은 피곤하고 창백해 보이나요?

2 Do you have a [fever]?
당신은 열이 있나요?

3 Do you [sneeze] and [cough]?
당신은 재채기가 나고 기침을 하나요?

4 Take the [medicine].
약을 드세요.

5 [Sneeze] and [cough] into a paper tissue.
화장지에 재채기를 하고 기침하세요.

해석
1. a. 따뜻한 물로 손을 닦으세요.
   b. 집에서 쉬세요.
   c. 건강에 좋은 음식과 따뜻한 레몬차를 드세요.

2. 어디에 재채기와 기침을 해야 하나요?
   우리는 화장지에 재채기와 기침을 해야 합니다.

092

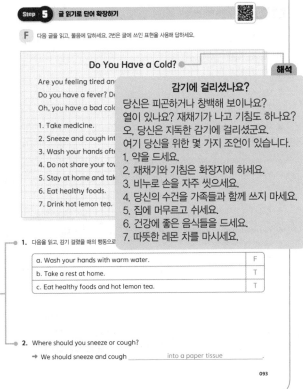

Step 5 글 읽기로 단어 확장하기

F 다음 글을 읽고, 물음에 답하세요. 2번은 글에 쓰인 표현을 사용해 답하세요.

Do You Have a Cold?

Are you feeling tired an
Do you have a fever? De
Oh, you have a bad col
여기 당신을 위한 몇 가지 조언이 있습니다.

1. Take medicine.
2. Sneeze and cough int
3. Wash your hands ofte
4. Do not share your tov
5. Stay at home and
6. Eat healthy foods.
7. Drink hot lemon tea.

해석

감기에 걸리셨나요?

당신은 피곤하거나 창백해 보이나요?
열이 있나요? 재채기가 나고 기침도 하나요?
오, 당신은 지독한 감기에 걸리셨군요.
여기 당신을 위한 몇 가지 조언이 있습니다.
1. 약을 드세요.
2. 재채기와 기침은 화장지에 하세요.
3. 비누로 손을 자주 씻으세요.
4. 당신의 수건을 가족들과 함께 쓰지 마세요.
5. 집에 머무르고 쉬세요.
6. 건강에 좋은 음식들을 드세요.
7. 따뜻한 레몬 차를 마시세요.

1. 다음을 읽고, 감기 걸렸을 때의 행동으로

a. Wash your hands with warm water.	F
b. Take a rest at home.	T
c. Eat healthy foods and hot lemon tea.	T

2. Where should you sneeze or cough?
→ We should sneeze and cough ___into a paper tissue___

093

정답 및 해석 **49**

Quick Check

1 medicine → 약, 의학 2 fit → (몸이) 건강한 3 sick → 아픈, 병든 4 blood → 피, 혈액 5 bone → 뼈

6 cough → 기침; 기침하다 7 sneeze → 재채기; 재채기하다 8 pale → 창백한, 핼쑥한 9 fever → 열 10 pill → 알약

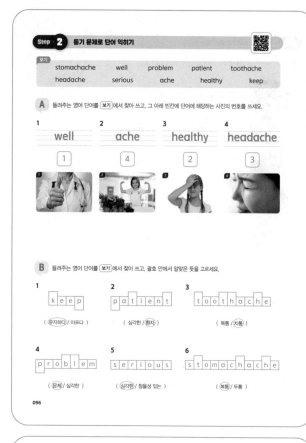

Step 2 듣기 문제로 단어 익히기

보기

| stomachache | well | problem | patient | toothache |
| headache | serious | ache | healthy | keep |

A 들려주는 영어 단어를 보기 에서 찾아 쓰고, 그 아래 빈칸에 단어에 해당하는 사진의 번호를 쓰세요.

1 well 2 ache 3 healthy 4 headache

1 4 2 3

B 들려주는 영어 단어를 보기 에서 찾아 쓰고, 괄호 안에서 알맞은 뜻을 고르세요.

1 k e e p ((유지하다) / 아프다)

2 p a t i e n t (심각한 / (환자))

3 t o o t h a c h e (복통 / (치통))

4 p r o b l e m ((문제) / 심각한)

5 s e r i o u s ((심각한) / 참을성 있는)

6 s t o m a c h a c h e ((복통) / 두통)

096

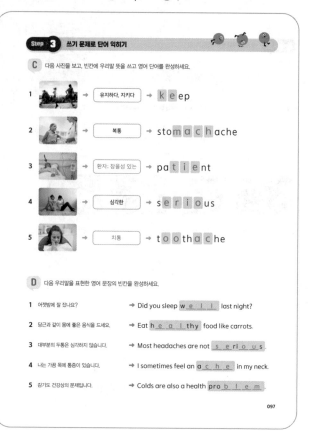

Step 3 쓰기 문제로 단어 익히기

C 다음 사진을 보고, 빈칸에 우리말 뜻을 쓰고 영어 단어를 완성하세요.

1 → 유지하다, 지키다 → k e e p

2 → 복통 → sto m a c h a che

3 → 환자; 참을성 있는 → p a t i e n t

4 → 심각한 → s e r i o u s

5 → 치통 → t o o t h a c he

D 다음 우리말을 표현한 영어 문장의 빈칸을 완성하세요.

1 어젯밤에 잘 잤나요? → Did you sleep w e l l last night?

2 당근과 같이 몸에 좋은 음식을 드세요. → Eat h e a l thy food like carrots.

3 대부분의 두통은 심각하지 않습니다. → Most headaches are not s e r i o u s.

4 나는 가끔 목에 통증이 있습니다. → I sometimes feel an a c h e in my neck.

5 감기도 건강상의 문제입니다. → Colds are also a health pro b l e m.

097

Step 4 문장 듣기로 단어 확장하기

E 다음을 듣고 빈칸을 채워 문장을 완성한 후, 큰 소리로 따라하세요.

1 I do not feel well .
나는 몸이 좋지 않습니다.

2 I have a fever .
나는 열이 납니다.

3 My head and body ache .
나는 머리와 몸이 아픕니다.

4 Do you have a stomachache ?
당신은 배도 아프신가요?

5 It is not serious , so don't worry.
심각하지 않으니, 걱정하지 마세요.

6 You need to take medicine for the fever and headache .
당신은 열과 두통에 대한 약을 먹어야 합니다.

7 Drink a lot of water and eat healthy foods.
물을 많이 마시고 건강에 좋은 음식을 드세요.

📖 Expressions
· feel well : 건강 상태가 좋다
· worry : 걱정하다
· need to : ~할 필요가 있다, ~해야 한
· take medicine for : ~에 대한 약을

해석
2. Lisa는 지금 무엇을 하고 있나요?
그녀는 의사의 진찰을 받는 중입니다.

098

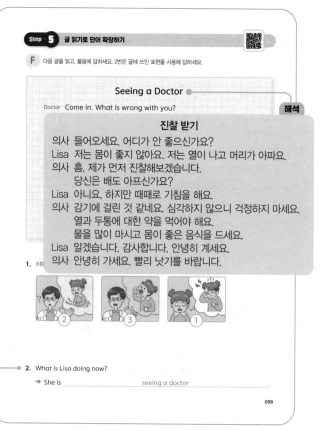

Step 5 글 읽기로 단어 확장하기

F 다음 글을 읽고, 물음에 답하세요. 2번은 글에 쓰인 표현을 사용해 답하세요.

Seeing a Doctor

Doctor Come in. What is wrong with you?

해석

진찰 받기

의사 들어오세요. 어디가 안 좋으신가요?
Lisa 저는 몸이 좋지 않아요. 저는 열이 나고 머리가 아파요.
의사 흠. 제가 먼저 진찰해보겠습니다.
   당신은 배도 아프신가요?
Lisa 아니요. 하지만 때때로 기침을 해요.
의사 감기에 걸린 것 같네요. 심각하지 않으니 걱정하지 마세요.
   열과 두통에 대한 약을 먹어야 해요.
   물을 많이 마시고 몸이 좋은 음식을 드세요.
Lisa 알겠습니다. 감사합니다. 안녕히 계세요.
의사 안녕히 가세요. 빨리 낫기를 바랍니다.

1. 이

2 3 1

2. What is Lisa doing now?

→ She is _____ seeing a doctor

099

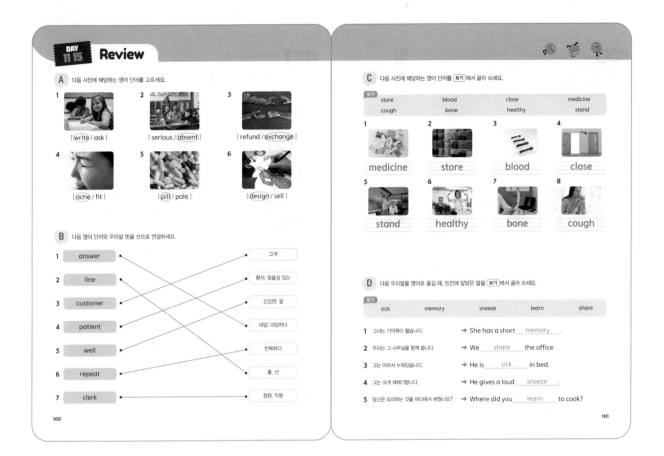

DAY 11-15 Review

A 다음 사진에 해당하는 영어 단어를 고르세요.

1 [(write) / ask]
2 [serious / (absent)]
3 [refund / (exchange)]
4 [(ache) / fit]
5 [(pill) / pale]
6 [(design) / sell]

B 다음 영어 단어와 우리말 뜻을 선으로 연결하세요.

1 answer
2 line
3 customer
4 patient
5 well
6 repeat
7 clerk

고객
환자; 참을성 있는
건강한; 잘
대답; 대답하다
반복하다
줄, 선
점원, 직원

C 다음 사진에 해당하는 영어 단어를 보기 에서 골라 쓰세요.

보기
| store | blood | close | medicine |
| cough | bone | healthy | stand |

1 medicine
2 store
3 blood
4 close
5 stand
6 healthy
7 bone
8 cough

D 다음 우리말을 영어로 옮길 때, 빈칸에 알맞은 말을 보기 에서 골라 쓰세요.

보기
| sick | memory | sneeze | learn | share |

1 그녀는 기억력이 짧습니다. → She has a short __memory__ .
2 우리는 그 사무실을 함께 씁니다. → We __share__ the office.
3 그는 아파서 누워있습니다. → He is __sick__ in bed.
4 그는 크게 재채기합니다. → He gives a loud __sneeze__ .
5 당신은 요리하는 것을 어디에서 배웠나요? → Where did you __learn__ to cook?

100

101

Quick Check

1 stomachache → 위통, 복통 2 headache → 두통 3 toothache → 치통 4 patient → 환자; 참을성 있는 5 healthy → 건강한, 건강에 좋은

6 problem → 문제 7 serious → 심각한 8 ache → (계속적인) 아픔; 아프다 9 keep → 유지하다, 지키다 10 well → 건강한; 잘

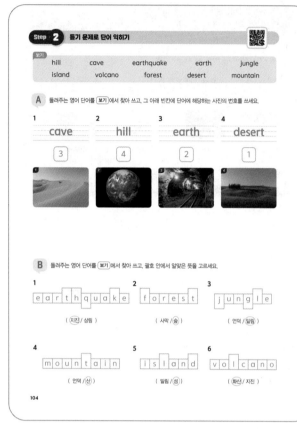

Step 2 듣기 문제로 단어 익히기

보기

| hill | cave | earthquake | earth | jungle |
| island | volcano | forest | desert | mountain |

A 들려주는 영어 단어를 보기에서 찾아 쓰고, 그 아래 빈칸에 단어에 해당하는 사진의 번호를 쓰세요.

1	2	3	4
cave	hill	earth	desert
3	4	2	1

B 들려주는 영어 단어를 보기에서 찾아 쓰고, 괄호 안에서 알맞은 뜻을 고르세요.

1 earthquake (지진 / 삼림)

2 forest (사막 / 숲)

3 jungle (언덕 / 밀림)

4 mountain (언덕 / 산)

5 island (밀림 / 섬)

6 volcano (화산 / 지진)

104

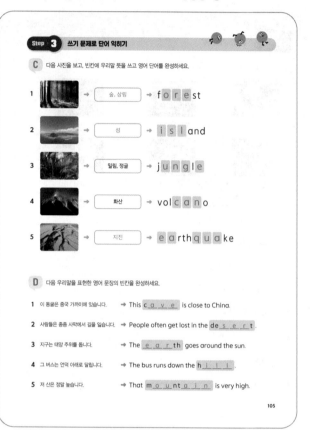

Step 3 쓰기 문제로 단어 익히기

C 다음 사진을 보고, 빈칸에 우리말 뜻을 쓰고 영어 단어를 완성하세요.

1 숲, 삼림 → f o r e s t

2 섬 → i s l and

3 밀림, 정글 → j u n g l e

4 화산 → vol c a n o

5 지진 → e a r thqu a k e

D 다음 우리말을 표현한 영어 문장의 빈칸을 완성하세요.

1 이 동굴은 중국 가까이에 있습니다. → This c a v e is close to China.

2 사람들은 종종 사막에서 길을 잃습니다. → People often get lost in the de s e r t.

3 지구는 태양 주위를 돕니다. → The e a r th goes around the sun.

4 그 버스는 언덕 아래로 달립니다. → The bus runs down the h i l l.

5 저 산은 정말 높습니다. → That m o u n t a i n is very high.

105

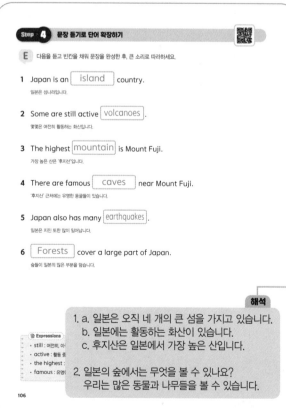

Step 4 문장 듣기로 단어 확장하기

E 다음을 듣고 빈칸을 채워 문장을 완성한 후, 큰 소리로 따라하세요.

1 Japan is an [island] country.
일본은 섬나라입니다.

2 Some are still active [volcanoes].
몇몇은 여전히 활동하는 화산입니다.

3 The highest [mountain] is Mount Fuji.
가장 높은 산은 '후지산'입니다.

4 There are famous [caves] near Mount Fuji.
'후지산' 근처에는 유명한 동굴들이 있습니다.

5 Japan also has many [earthquakes].
일본은 지진 또한 많이 일어납니다.

6 [Forests] cover a large part of Japan.
숲들이 일본의 많은 부분을 덮습니다.

해석

1. a. 일본은 오직 네 개의 큰 섬을 가지고 있습니다.
b. 일본에는 활동하는 화산이 있습니다.
c. 후지산은 일본에서 가장 높은 산입니다.

Expressions
• still : 여전히 아
• active : 활동 중
• the highest
• famous : 유명

2. 일본의 숲에서는 무엇을 볼 수 있나요?
우리는 많은 동물과 나무들을 볼 수 있습니다.

106

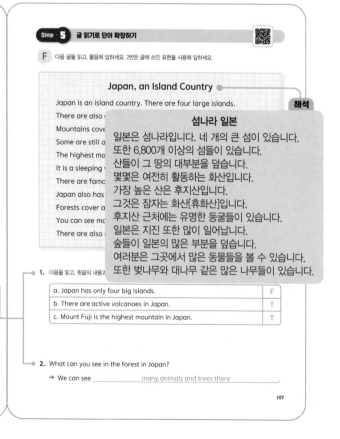

Step 5 글 읽기로 단어 확장하기

F 다음 글을 읽고, 물음에 답하세요. 2번은 글에 쓰인 표현을 사용해 답하세요.

Japan, an Island Country

해석

Japan is an island country. There are four large islands.

There are also

Mountains cover

Some are still a

The highest mo

It is a sleeping

There are famo

Japan also has

Forests cover a

You can see mo

There are also

섬나라 일본

일본은 섬나라입니다. 네 개의 큰 섬이 있습니다.
또한 6,800개 이상의 섬들이 있습니다.
산들이 그 땅의 대부분을 덮습니다.
몇몇은 여전히 활동하는 화산입니다.
가장 높은 산은 후지산입니다.
그것은 잠자는 화산[휴화산]입니다.
후지산 근처에는 유명한 동굴들이 있습니다.
일본은 지진 또한 많이 일어납니다.
숲들이 일본의 많은 부분을 덮습니다.
여러분은 그곳에서 많은 동물들을 볼 수 있습니다.
또한 벚나무와 대나무 같은 많은 나무들이 있습니다.

1. 다음을 읽고, 윗글의 내용과

a. Japan has only four big islands.	F
b. There are active volcanoes in Japan.	T
c. Mount Fuji is the highest mountain in Japan.	T

2. What can you see in the forest in Japan?
→ We can see _____ many animals and trees there _____.

107

Quick Check

1 earthquake → 지진 2 mountain → 산 3 volcano → 화산 4 jungle → 밀림, 정글 5 earth → 지구, 땅

6 island → 섬 7 desert → 사막 8 cave → 동굴 9 forest → 숲, 삼림 10 hill → 언덕

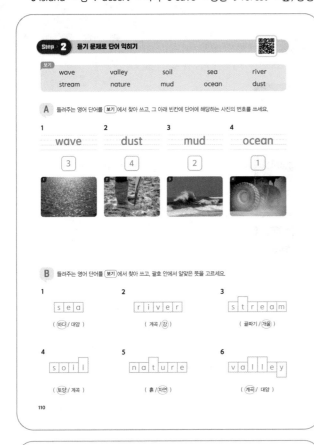

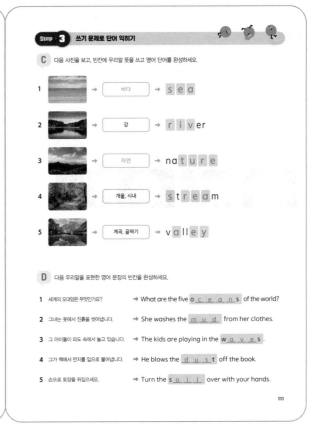

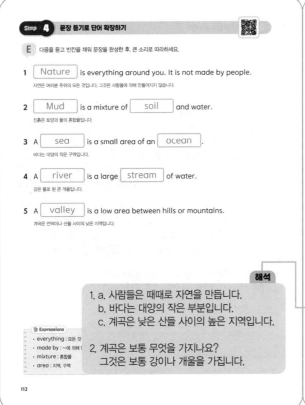

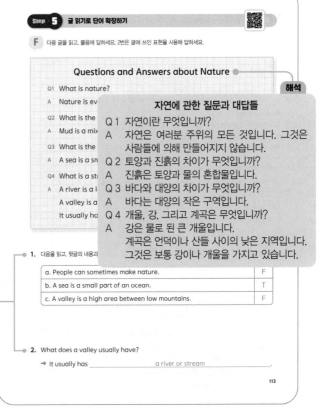

Quick Check

1 stream → 개울, 시내 2 valley → 계곡, 골짜기 3 nature → 자연 4 dust → 먼지 5 ocean → 대양, 바다

6 wave → 파도 7 soil → 토양, 흙 8 sea → 바다 9 river → 강 10 mud → 진흙, 진흙탕

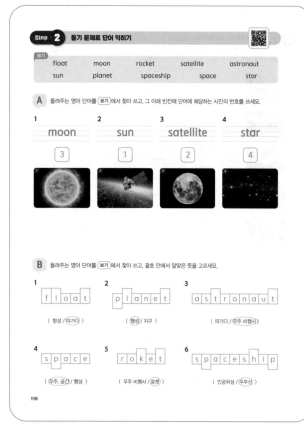

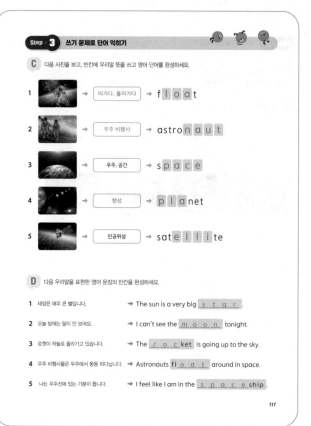

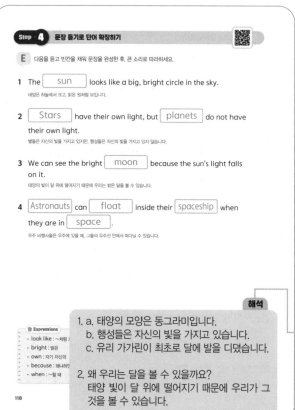

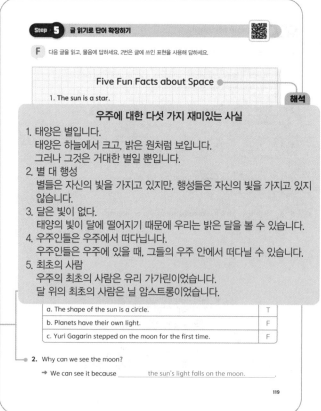

Quick Check

1 spaceship → 우주선 2 astronaut → 우주 비행사 3 space → 우주, 공간 4 star → 별, 항성 5 planet → 행성

6 float → 떠가다, 뜨다 7 satellite → 인공위성, (행성의) 위성 8 rocket → 로켓 9 sun → 해, 태양 10 moon → 달, (지구 외 행성의) 위성

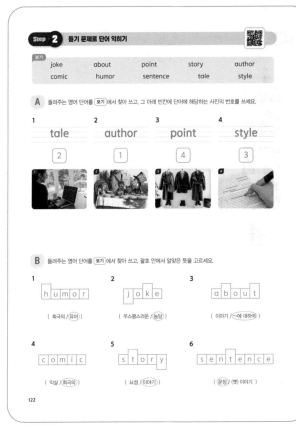

Step 2 듣기 문제로 단어 익히기

보기
joke about point story author
comic humor sentence tale style

A 들려주는 영어 단어를 보기에서 찾아 쓰고, 그 아래 빈칸에 단어에 해당하는 사진의 번호를 쓰세요.

1 tale [2]
2 author [1]
3 point [4]
4 style [3]

B 들려주는 영어 단어를 보기에서 찾아 쓰고, 괄호 안에서 알맞은 뜻을 고르세요.

1 humor (희극의 /(유머))
2 joke (우스꽝스러운 /(농담))
3 about (이야기 /(~에 대하여))
4 comic (익살 /(희극의))
5 story (요점 /(이야기))
6 sentence ((문장)/ (옛) 이야기)

122

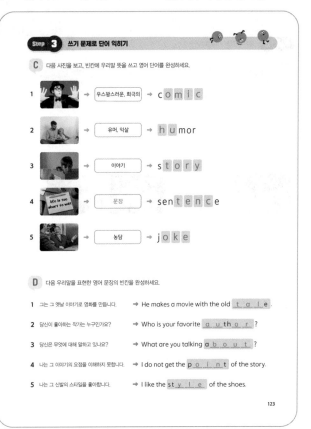

Step 3 쓰기 문제로 단어 익히기

C 다음 사진을 보고, 빈칸에 우리말 뜻을 쓰고 영어 단어를 완성하세요.

1 → 우스꽝스러운, 희극의 → c o m i c
2 → 유머, 익살 → h u m o r
3 → 이야기 → s t o r y
4 → 문장 → s e n t e n c e
5 → 농담 → j o k e

D 다음 우리말을 표현한 영어 문장의 빈칸을 완성하세요.

1 그는 그 옛날 이야기로 영화를 만듭니다. → He makes a movie with the old t a l e .
2 당신이 좋아하는 작가는 누구인가요? → Who is your favorite a u t h o r ?
3 당신은 무엇에 대해 말하고 있나요? → What are you talking a b o u t ?
4 나는 그 이야기의 요점을 이해하지 못합니다. → I do not get the p o i n t of the story.
5 나는 그 신발의 스타일을 좋아합니다. → I like the s t y l e of the shoes.

123

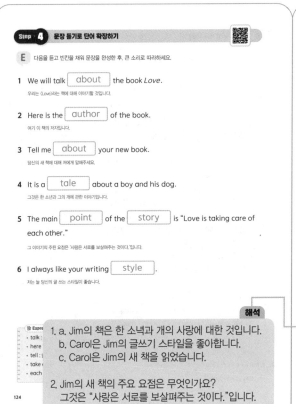

Step 4 문장 듣기로 단어 확장하기

E 다음을 듣고 빈칸을 채워 문장을 완성한 후, 큰 소리로 따라하세요.

1 We will talk [about] the book *Love*.
우리는 〈Love〉라는 책에 대해 이야기할 것입니다.

2 Here is the [author] of the book.
여기 이 책의 저자입니다.

3 Tell me [about] your new book.
당신의 새 책에 대해 저에게 말해주세요.

4 It is a [tale] about a boy and his dog.
그것은 한 소년과 그의 개에 관한 이야기입니다.

5 The main [point] of the [story] is "Love is taking care of each other."
그 이야기의 주된 요점은 '사랑은 서로를 보살펴주는 것이다.'입니다.

6 I always like your writing [style].
저는 늘 당신의 글 쓰는 스타일이 좋습니다.

해석
1. a. Jim의 책은 한 소녀와 개의 사랑에 대한 것입니다.
b. Carol은 Jim의 글쓰기 스타일을 좋아합니다.
c. Carol은 Jim의 새 책을 읽었습니다.

2. Jim의 새 책의 주요 요점은 무엇인가요?
그것은 "사랑은 서로를 보살펴주는 것이다."입니다.

124

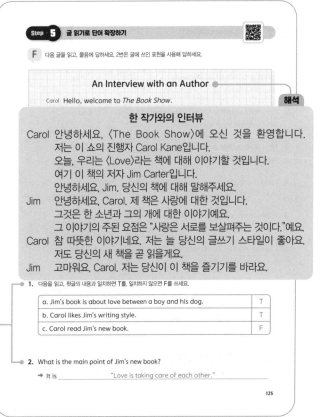

Step 5 글 읽기로 단어 확장하기

F 다음 글을 읽고, 물음에 답하세요. 2번은 글에 쓰인 표현을 사용해 답하세요.

An Interview with an Author

Carol Hello, welcome to *The Book Show*.

해석
한 작가와의 인터뷰
Carol 안녕하세요, 〈The Book Show〉에 오신 것을 환영합니다.
저는 이 쇼의 진행자 Carol Kane입니다.
오늘, 우리는 〈Love〉라는 책에 대해 이야기할 것입니다.
여기 이 책의 저자 Jim Carter입니다.
안녕하세요, Jim. 당신의 책에 대해 말해주세요.
Jim 안녕하세요, Carol. 제 책은 사랑에 대한 것입니다.
그것은 한 소년과 그의 개에 대한 이야기예요.
그 이야기의 주된 요점은 "사랑은 서로를 보살펴주는 것이다."예요.
Carol 참 따뜻한 이야기네요. 저는 늘 당신의 글쓰기 스타일이 좋아요.
저도 당신의 새 책을 곧 읽을게요.
Jim 고마워요, Carol. 저는 당신이 이 책을 즐기기를 바라요.

1. 다음을 읽고, 윗글의 내용과 일치하면 T를, 일치하지 않으면 F를 쓰세요.

a. Jim's book is about love between a boy and his dog.	T
b. Carol likes Jim's writing style.	T
c. Carol read Jim's new book.	F

2. What is the main point of Jim's new book?
→ It is _____ "Love is taking care of each other."

125

Quick Check
1 sentence → 문장 2 point → 요점; 가리키다 3 author → 작가, 저자 4 humor → 유머, 익살 5 comic → 우스꽝스러운, 희극의
6 story → 이야기 7 tale → (옛) 이야기 8 style → 스타일, 유행 9 about → ~에 대해; 대략 10 joke → 농담

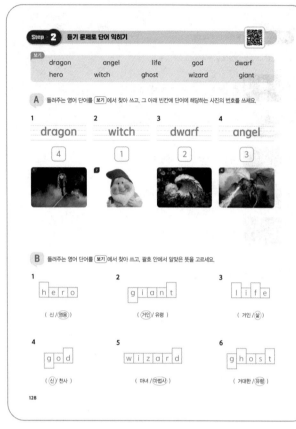

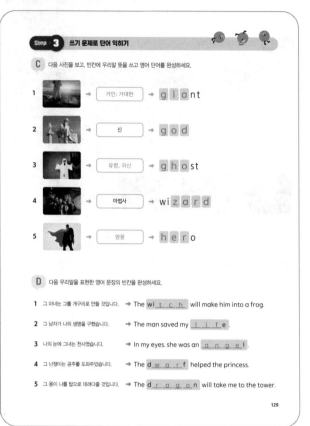

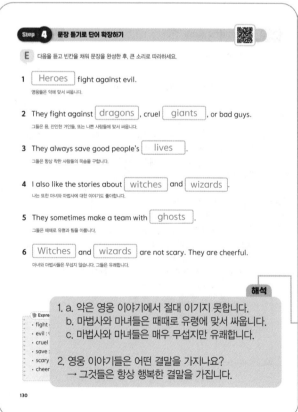

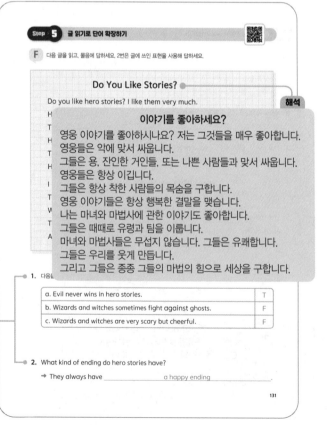

Step 2 듣기 문제로 단어 익히기

보기
dragon   angel   life   god   dwarf
hero   witch   ghost   wizard   giant

A 들려주는 영어 단어를 보기에서 찾아 쓰고, 그 아래 빈칸에 단어에 해당하는 사진의 번호를 쓰세요.

1 dragon [4]
2 witch [1]
3 dwarf [2]
4 angel [3]

B 들려주는 영어 단어를 보기에서 찾아 쓰고, 괄호 안에서 알맞은 뜻을 고르세요.

1 h e r o (신 / 영웅)
2 g i a n t (거인 / 유령)
3 l i f e (거인 / 삶)
4 g o d (신 / 천사)
5 w i z a r d (마녀 / 마법사)
6 g h o s t (거대한 / 유령)

Step 3 쓰기 문제로 단어 익히기

C 다음 사진을 보고, 빈칸에 우리말 뜻을 쓰고 영어 단어를 완성하세요.

1 → 거인; 거대한 → g i a n t
2 → 신 → g o d
3 → 유령, 귀신 → g h o s t
4 → 마법사 → w i z a r d
5 → 영웅 → h e r o

D 다음 우리말을 표현한 영어 문장의 빈칸을 완성하세요.

1 그 마녀는 그를 개구리로 만들 것입니다. → The w i t c h will make him into a frog.
2 그 남자가 나의 생명을 구했습니다. → The man saved my l i f e .
3 나의 눈에 그녀는 천사였습니다. → In my eyes, she was an a n g e l .
4 그 난쟁이는 공주를 도와주었습니다. → The d w a r f helped the princess.
5 그 용이 나를 탑으로 데려다줄 것입니다. → The d r a g o n will take me to the tower.

Step 4 문장 듣기로 단어 확장하기

E 다음을 듣고 빈칸을 채워 문장을 완성한 후, 큰 소리로 따라하세요.

1 [Heroes] fight against evil.
영웅들은 악에 맞서 싸웁니다.

2 They fight against [dragons], cruel [giants], or bad guys.
그들은 용, 잔인한 거인들, 또는 나쁜 사람들과 맞서 싸웁니다.

3 They always save good people's [lives].
그들은 항상 착한 사람들의 목숨을 구합니다.

4 I also like the stories about [witches] and [wizards].
나는 또한 마녀와 마법사에 대한 이야기도 좋아합니다.

5 They sometimes make a team with [ghosts].
그들은 때때로 유령과 팀을 이룹니다.

6 [Witches] and [wizards] are not scary. They are cheerful.
마녀와 마법사들은 무섭지 않습니다. 그들은 유쾌합니다.

해석
1. a. 악은 영웅 이야기에서 절대 이기지 못합니다.
   b. 마법사와 마녀들은 때때로 유령에 맞서 싸웁니다.
   c. 마법사와 마녀들은 매우 무섭지만 유쾌합니다.

2. 영웅 이야기들은 어떤 결말을 가지나요?
   → 그것들은 항상 행복한 결말을 가집니다.

Step 5 글 읽기로 단어 확장하기

F 다음 글을 읽고, 물음에 답하세요. 2번은 글에 쓰인 표현을 사용해 답하세요.

Do You Like Stories?

Do you like hero stories? I like them very much.

해석
이야기를 좋아하세요?
영웅 이야기를 좋아하시나요? 저는 그것들을 매우 좋아합니다.
영웅들은 악에 맞서 싸웁니다.
그들은 용, 잔인한 거인들, 또는 나쁜 사람들과 맞서 싸웁니다.
영웅들은 항상 이깁니다.
그들은 항상 착한 사람들의 목숨을 구합니다.
영웅 이야기들은 항상 행복한 결말을 맺습니다.
나는 마녀와 마법사에 관한 이야기도 좋아합니다.
그들은 때때로 유령과 팀을 이룹니다.
마녀와 마법사들은 무섭지 않습니다. 그들은 유쾌합니다.
그들은 우리를 웃게 만듭니다.
그리고 그들은 종종 그들의 마법의 힘으로 세상을 구합니다.

1. 다음

a. Evil never wins in hero stories.		T
b. Wizards and witches sometimes fight against ghosts.		F
c. Wizards and witches are very scary but cheerful.		F

2. What kind of ending do hero stories have?
   → They always have _____ a happy ending

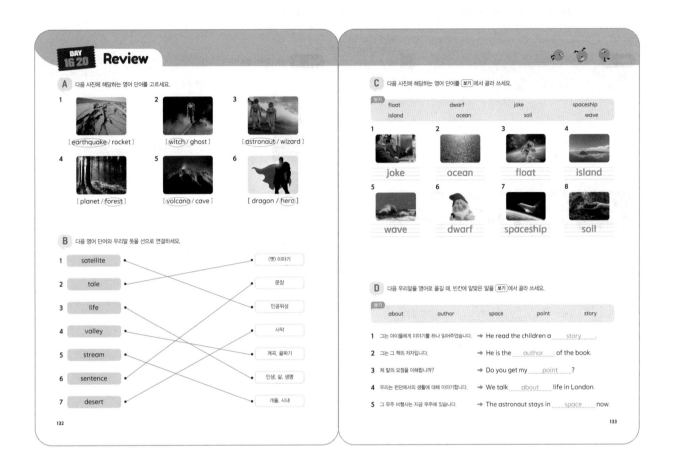

A 다음 사진에 해당하는 영어 단어를 고르세요.

1 [earthquake / rocket]
2 [witch / ghost]
3 [astronaut / wizard]
4 [planet / forest]
5 [volcano / cave]
6 [dragon / hero]

B 다음 영어 단어와 우리말 뜻을 선으로 연결하세요.

1 satellite · · (옛) 이야기
2 tale · · 문장
3 life · · 인공위성
4 valley · · 사막
5 stream · · 계곡, 골짜기
6 sentence · · 인생, 삶, 생명
7 desert · · 개울, 시내

C 다음 사진에 해당하는 영어 단어를 보기 에서 골라 쓰세요.

보기
float   dwarf   joke   spaceship
island   ocean   soil   wave

1 joke
2 ocean
3 float
4 island
5 wave
6 dwarf
7 spaceship
8 soil

D 다음 우리말을 영어로 옮길 때, 빈칸에 알맞은 말을 보기 에서 골라 쓰세요.

보기
about   author   space   point   story

1 그는 아이들에게 이야기를 하나 읽어주었습니다. → He read the children a _____story_____.
2 그는 그 책의 저자입니다. → He is the _____author_____ of the book.
3 제 말의 요점을 이해합니까? → Do you get my _____point_____?
4 우리는 런던에서의 생활에 대해 이야기합니다. → We talk _____about_____ life in London.
5 그 우주 비행사는 지금 우주에 있습니다. → The astronaut stays in _____space_____ now.

132

133

Quick Check

1 dragon → 용 2 ghost → 유령, 귀신 3 angel → 천사 4 life → 삶, 인생, 생명 5 giant → 거인; 거대한

6 hero → 영웅, 남자 주인공 7 dwarf → 난쟁이 8 wizard → 마법사 9 witch → 마녀 10 god → 신

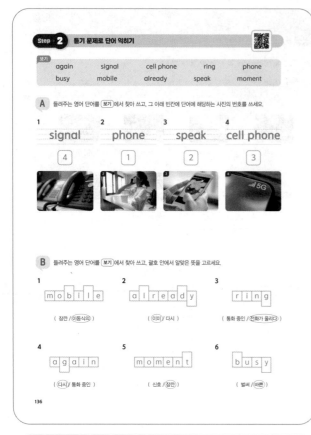

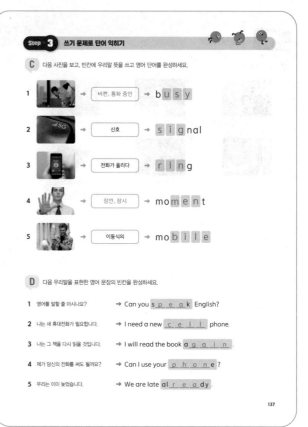

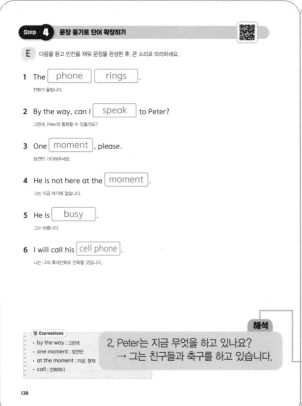

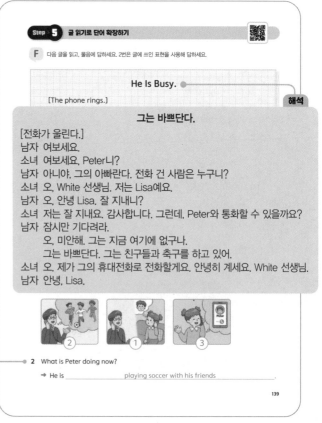

DAY 22

Quick Check

1 cell phone → 휴대전화 2 busy → 바쁜, 통화 중인 3 already → 이미, 벌써 4 moment → 잠깐, 잠시 5 phone → 전화(기)

6 mobile → 이동식의 7 ring → 전화가 울리다; 반지, 고리 8 speak → 이야기하다, 말하다 9 signal → 신호 10 again → 또, 다시

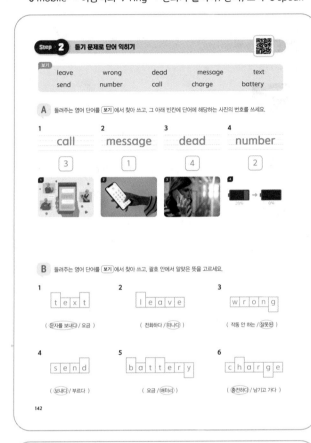

Step 2 듣기 문제로 단어 익히기

보기

| leave | wrong | dead | message | text |
| send | number | call | charge | battery |

A 들려주는 영어 단어를 보기 에서 찾아 쓰고, 그 아래 빈칸에 단어에 해당하는 사진의 번호를 쓰세요.

1 **call** [3]
2 **message** [1]
3 **dead** [4]
4 **number** [2]

B 들려주는 영어 단어를 보기 에서 찾아 쓰고, 괄호 안에서 알맞은 뜻을 고르세요.

1 **text** (문자를 보내다 / 요금)
2 **leave** (전화하다 / 떠나다)
3 **wrong** (작동 안 하는 / 잘못된)
4 **send** (보내다 / 부르다)
5 **battery** (요금 / 배터리)
6 **charge** (충전하다 / 남기고 가다)

142

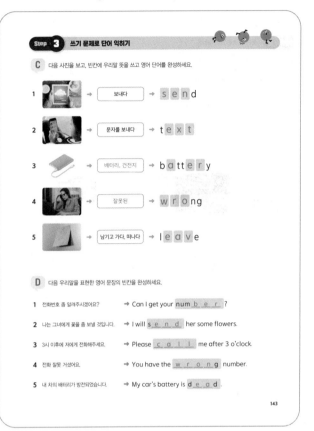

Step 3 쓰기 문제로 단어 익히기

C 다음 사진을 보고, 빈칸에 우리말 뜻을 쓰고 영어 단어를 완성하세요.

1 → 보내다 → s e n d
2 → 문자를 보내다 → t e x t
3 → 배터리, 건전지 → b a t t e r y
4 → 잘못된 → w r o n g
5 → 남기고 가다, 떠나다 → l e a v e

D 다음 우리말을 표현한 영어 문장의 빈칸을 완성하세요.

1 전화번호 좀 알려주시겠어요? → Can I get your num b e r ?
2 나는 그녀에게 꽃을 좀 보낼 것입니다. → I will s e n d her some flowers.
3 3시 이후에 저에게 전화해주세요. → Please c a l l me after 3 o'clock.
4 전화 잘못 거셨어요. → You have the w r o n g number.
5 내 차의 배터리가 방전되었습니다. → My car's battery is d e a d .

143

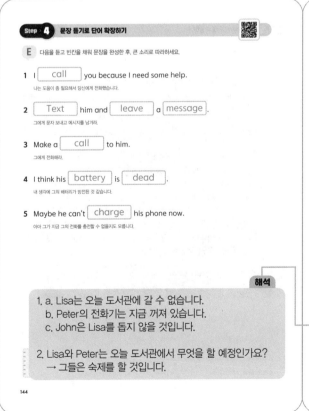

Step 4 문장 듣기로 단어 확장하기

E 다음을 듣고 빈칸을 채워 문장을 완성한 후, 큰 소리로 따라하세요.

1 I **call** you because I need some help.
나는 도움이 좀 필요해서 당신에게 전화합니다.

2 **Text** him and **leave** a **message** .
그에게 문자 보내고 메시지를 남겨라.

3 Make a **call** to him.
그에게 전화해라.

4 I think his **battery** is **dead** .
내 생각에 그의 배터리가 방전된 것 같습니다.

5 Maybe he can't **charge** his phone now.
아마 그가 지금 그의 전화를 충전할 수 없을지도 모릅니다.

해석

1. a. Lisa는 오늘 도서관에 갈 수 없습니다.
   b. Peter의 전화기는 지금 꺼져 있습니다.
   c. John은 Lisa를 돕지 않을 것입니다.

2. Lisa와 Peter는 오늘 도서관에서 무엇을 할 예정인가요?
   → 그들은 숙제를 할 것입니다.

144

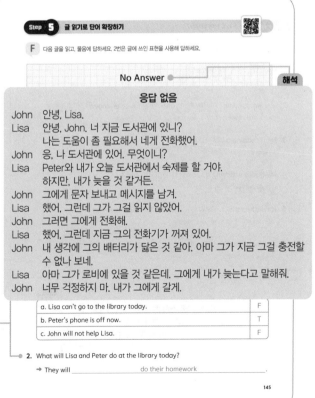

Step 5 글 읽기로 단어 확장하기

F 다음 글을 읽고, 물음에 답하세요. 2번은 글에 쓰인 표현을 사용해 답하세요.

No Answer

해석

응답 없음

John 안녕, Lisa.
Lisa 안녕, John. 너 지금 도서관에 있니?
나는 도움이 좀 필요해서 네게 전화했어.
John 응, 나 도서관에 있어. 무엇이니?
Lisa Peter와 내가 오늘 도서관에서 숙제를 할 거야.
하지만, 내가 늦을 것 같거든.
John 그에게 문자 보내고 메시지를 남겨.
Lisa 했어, 그런데 그가 그걸 읽지 않았어.
John 그러면 그에게 전화해.
Lisa 했어, 그런데 지금 그의 전화기가 꺼져 있어.
John 내 생각에 그의 배터리가 닳은 것 같아. 아마 그가 지금 그걸 충전할 수 없나 보네.
Lisa 아마 그가 로비에 있을 것 같은데. 그에게 내가 늦는다고 말해줘.
John 너무 걱정하지 마. 내가 그에게 갈게.

a. Lisa can't go to the library today.	F
b. Peter's phone is off now.	T
c. John will not help Lisa.	F

2. What will Lisa and Peter do at the library today?
→ They will _____ do their homework _____.

145

정답 및 해석 **59**

Quick Check

1 charge → 충전하다; 요금 2 number → (전화)번호, 숫자 3 wrong → 잘못된 4 battery → 배터리, 건전지 5 dead → 작동 안 하는, 죽은

6 call → 전화 (통화); 전화하다, 부르다 7 text → (휴대전화로) 문자를 보내다 8 message → 메시지, 문자 9 leave → 남기고 가다, 떠나다 10 send → 보내다

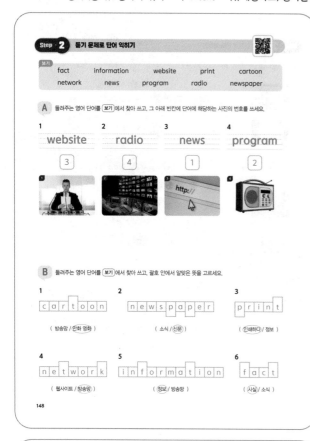

Step 2 듣기 문제로 단어 익히기

보기

| fact | information | website | print | cartoon |
| network | news | program | radio | newspaper |

A 들려주는 영어 단어를 보기에서 찾아 쓰고, 그 아래 빈칸에 단어에 해당하는 사진의 번호를 쓰세요.

1 website [3]
2 radio [4]
3 news [1]
4 program [2]

B 들려주는 영어 단어를 보기에서 찾아 쓰고, 괄호 안에서 알맞은 뜻을 고르세요.

1 c a r t o o n (방송망 / 만화 영화)
2 n e w s p a p e r (소식 / 신문)
3 p r i n t (인쇄하다 / 정보)
4 n e t w o r k (웹사이트 / 방송망)
5 i n f o r m a t i o n (정보 / 방송망)
6 f a c t (사실 / 소식)

148

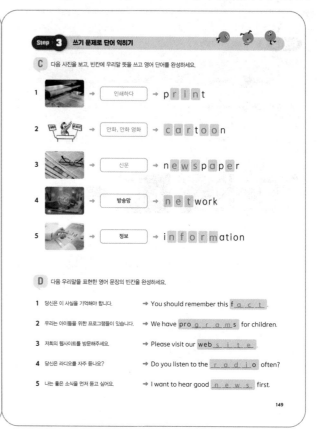

Step 3 쓰기 문제로 단어 익히기

C 다음 사진을 보고, 빈칸에 우리말 뜻을 쓰고 영어 단어를 완성하세요.

1 → 인쇄하다 → p r i n t
2 → 만화, 만화 영화 → c a r t o o n
3 → 신문 → n e w s p a p e r
4 → 방송망 → n e t w o r k
5 → 정보 → i n f o r m a t i o n

D 다음 우리말을 표현한 영어 문장의 빈칸을 완성하세요.

1 당신은 이 사실을 기억해야 합니다. → You should remember this f a c t .
2 우리는 아이들을 위한 프로그램들이 있습니다. → We have pro g r a m s for children.
3 저희의 웹사이트를 방문해주세요. → Please visit our web s i t e .
4 당신은 라디오를 자주 듣나요? → Do you listen to the r a d i o often?
5 나는 좋은 소식을 먼저 듣고 싶어요. → I want to hear good n e w s first.

149

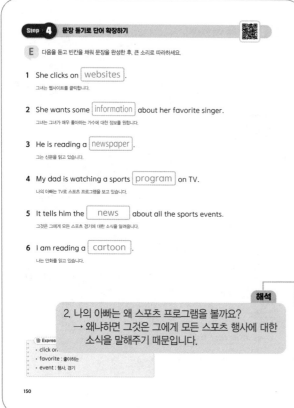

Step 4 문장 듣기로 단어 확장하기

E 다음을 듣고 빈칸을 채워 문장을 완성한 후, 큰 소리로 따라하세요.

1 She clicks on websites .
그녀는 웹사이트를 클릭합니다.

2 She wants some information about her favorite singer.
그녀는 그가 매우 좋아하는 가수에 대한 정보를 원합니다.

3 He is reading a newspaper .
그는 신문을 읽고 있습니다.

4 My dad is watching a sports program on TV.
나의 아빠는 TV로 스포츠 프로그램을 보고 있습니다.

5 It tells him the news about all the sports events.
그것은 그에게 모든 스포츠 경기에 대한 소식을 알려줍니다.

6 I am reading a cartoon .
나는 만화를 읽고 있습니다.

해석

2. 나의 아빠는 왜 스포츠 프로그램을 볼까요?
→ 왜냐하면 그것은 그에게 모든 스포츠 행사에 대한 소식을 말해주기 때문입니다.

Express
· click on
· favorite : 좋아하는
· event : 행사, 경기

150

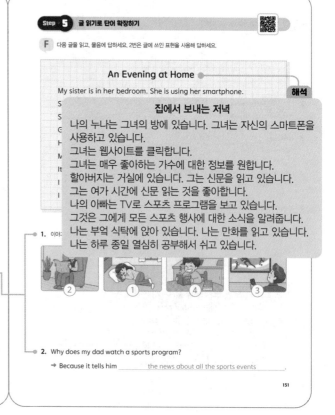

Step 5 글 읽기로 단어 확장하기

F 다음 글을 읽고, 물음에 답하세요. 2번은 글에 쓰인 표현을 사용해 답하세요.

An Evening at Home

My sister is in her bedroom. She is using her smartphone.

해석

집에서 보내는 저녁

나의 누나는 그녀의 방에 있습니다. 그녀는 자신의 스마트폰을 사용하고 있습니다.
그녀는 웹사이트를 클릭합니다.
그녀는 매우 좋아하는 가수에 대한 정보를 원합니다.
할아버지는 거실에 있습니다. 그는 신문을 읽고 있습니다.
그는 여가 시간에 신문 읽는 것을 좋아합니다.
나의 아빠는 TV로 스포츠 프로그램을 보고 있습니다.
그것은 그에게 모든 스포츠 행사에 대한 소식을 알려줍니다.
나는 부엌 식탁에 앉아 있습니다. 나는 만화를 읽고 있습니다.
나는 하루 종일 열심히 공부해서 쉬고 있습니다.

1. 이야기

2 1 4 3

2. Why does my dad watch a sports program?
→ Because it tells him _____ the news about all the sports events ____

151

Quick Check

1 newspaper → 신문 2 information → 정보 3 program → 프로그램 4 cartoon → 만화, 만화 영화 5 radio → 라디오

6 network → 방송망 7 print → 인쇄하다 8 fact → 사실 9 website → 웹사이트 10 news → 뉴스, 소식

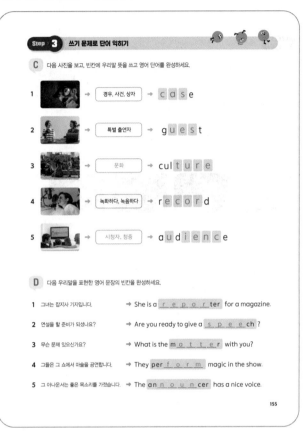

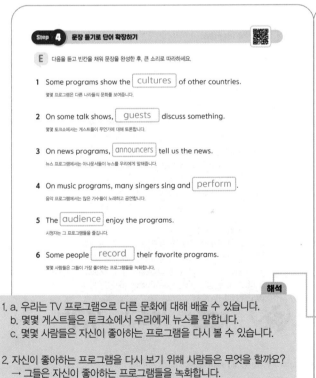

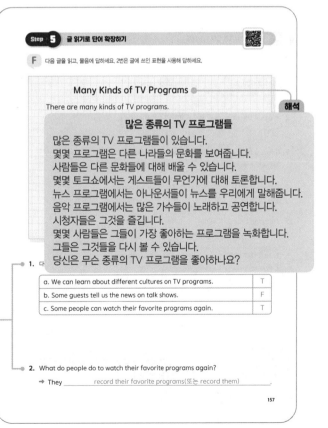

Quick Check

1 speech → 연설 2 case → 경우, 사건, 상자 3 announcer → 방송 진행자, 아나운서 4 record → 녹화하다, 녹음하다 5 perform → 공연하다
6 culture → 문화 7 matter → 문제 8 guest → 게스트, 특별 출연자 9 reporter → (보도) 기자 10 audience → 시청자, 청중

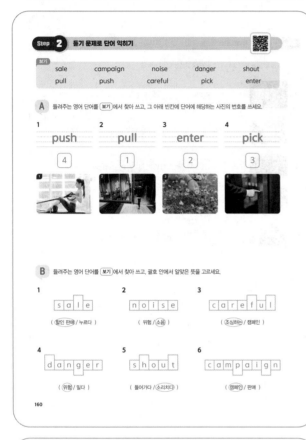

Step 2 듣기 문제로 단어 익히기

보기
| sale | campaign | noise | danger | shout |
| pull | push | careful | pick | enter |

A 들려주는 영어 단어를 보기에서 찾아 쓰고, 그 아래 빈칸에 단어에 해당하는 사진의 번호를 쓰세요.

1	2	3	4
push	pull	enter	pick
4	1	2	3

B 들려주는 영어 단어를 보기에서 찾아 쓰고, 괄호 안에서 알맞은 뜻을 고르세요.

1 s a l e (할인 판매 / 누르다)

2 n o i s e (위험 / 소음)

3 c a r e f u l (조심하는 / 캠페인)

4 d a n g e r (위험 / 밀다)

5 s h o u t (들어가다 / 소리치다)

6 c a m p a i g n (캠페인 / 판매)

160

Step 3 쓰기 문제로 단어 익히기

C 다음 사진을 보고, 빈칸에 우리말 뜻을 쓰고 영어 단어를 완성하세요.

1 → 소음 → n o i s e

2 → (할인) 판매 → s a l e

3 → 캠페인 → c a m p a i g n

4 → 위험 → d a n g e r

5 → 조심하는 → c a r e f u l

D 다음 우리말을 표현한 영어 문장의 빈칸을 완성하세요.

1 나에게 소리치지 마세요! → Do not s h o u t at me!

2 그 건물에 들어가면 안 됩니다. → Do not e n t e r the building.

3 죽은 나뭇잎을 다 떼어내세요. → P i c k off all the dead leaves.

4 카메라 맨 위의 버튼을 누르세요. → P u s h the button on the top of the camera.

5 그냥 현관문을 당기세요. → Please just p u l l the front door.

161

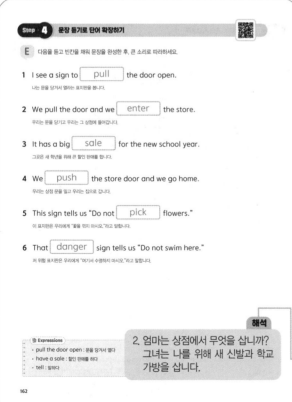

Step 4 문장 듣기로 단어 확장하기

E 다음을 듣고 빈칸을 채워 문장을 완성한 후, 큰 소리로 따라하세요.

1 I see a sign to pull the door open.
나는 문을 당겨서 여는 표지판을 봅니다.

2 We pull the door and we enter the store.
우리는 문을 당기고 우리는 그 상점에 들어갑니다.

3 It has a big sale for the new school year.
그곳은 새 학년을 위해 큰 할인 판매를 합니다.

4 We push the store door and we go home.
우리는 상점 문을 밀고 우리는 집으로 갑니다.

5 This sign tells us "Do not pick flowers."
이 표지판은 우리에게 "꽃을 꺾지 마시오."라고 말합니다.

6 That danger sign tells us "Do not swim here."
저 위험 표지판은 우리에게 "여기서 수영하지 마시오."라고 말합니다.

해석
2. 엄마는 상점에서 무엇을 삽니까?
그녀는 나를 위해 새 신발과 학교 가방을 삽니다.

Expressions
• pull the door open : 문을 당겨서 열다
• have a sale : 할인 판매를 하다
• tell : 말하다

162

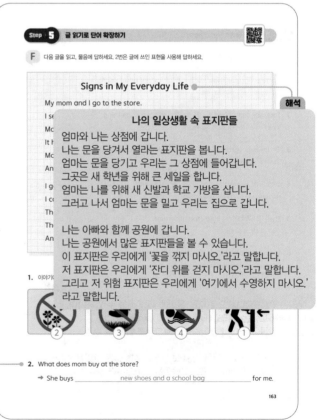

Step 5 글 읽기로 단어 확장하기

F 다음 글을 읽고, 물음에 답하세요. 2번은 글에 쓰인 표현을 사용해 답하세요.

Signs in My Everyday Life

My mom and I go to the store.

해석
나의 일상생활 속 표지판들

엄마와 나는 상점에 갑니다.
나는 문을 당겨서 열라는 표지판을 봅니다.
엄마는 문을 당기고 우리는 그 상점에 들어갑니다.
그곳은 새 학년을 위해 큰 세일을 합니다.
엄마는 나를 위해 새 신발과 학교 가방을 삽니다.
그러고 나서 엄마는 문을 밀고 우리는 집으로 갑니다.

나는 아빠와 함께 공원에 갑니다.
나는 공원에서 많은 표지판들을 볼 수 있습니다.
이 표지판은 우리에게 '꽃을 꺾지 마시오.'라고 말합니다.
저 표지판은 우리에게 '잔디 위를 걷지 마시오.'라고 말합니다.
그리고 저 위험 표지판은 우리에게 '여기에서 수영하지 마시오.'
라고 말합니다.

1. 이야기[   ]

| 2 | 3 | 4 | 1 |

2. What does mom buy at the store?
→ She buys _____ new shoes and a school bag _____ for me.

163

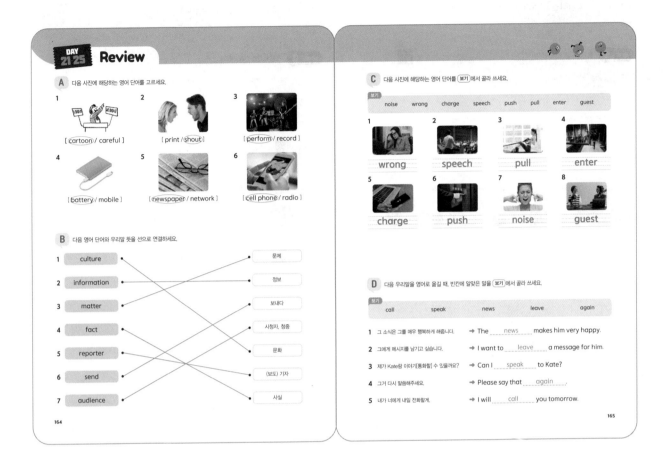

A 다음 사진에 해당하는 영어 단어를 고르세요.

1 [cartoon / careful]
2 [print / shout]
3 [perform / record]
4 [battery / mobile]
5 [newspaper / network]
6 [cell phone / radio]

B 다음 영어 단어와 우리말 뜻을 선으로 연결하세요.

1 culture
2 information
3 matter
4 fact
5 reporter
6 send
7 audience

문제
정보
보내다
시청자, 청중
문화
(보도) 기자
사실

C 다음 사진에 해당하는 영어 단어를 보기 에서 골라 쓰세요.

보기
noise   wrong   charge   speech   push   pull   enter   guest

1 wrong
2 speech
3 pull
4 enter
5 charge
6 push
7 noise
8 guest

D 다음 우리말을 영어로 옮길 때, 빈칸에 알맞은 말을 보기 에서 골라 쓰세요.

보기
call   speak   news   leave   again

1 그 소식은 그를 매우 행복하게 해줍니다. → The ___news___ makes him very happy.
2 그에게 메시지를 남기고 싶습니다. → I want to ___leave___ a message for him.
3 제가 Kate랑 이야기[통화할] 수 있을까요? → Can I ___speak___ to Kate?
4 그거 다시 말씀해주세요. → Please say that ___again___ .
5 내가 너에게 내일 전화할게. → I will ___call___ you tomorrow.

DAY 26

Quick Check

1 campaign → 캠페인 2 enter → 들어가다, 들어오다 3 shout → 소리치다 4 danger → 위험 5 noise → 소음

6 careful → 조심하는 7 sale → 판매, 할인 판매 8 pick → 꺾다, 따다 9 pull → 당기다 10 push → 밀다, 누르다

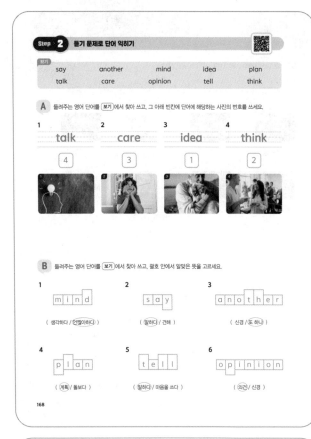

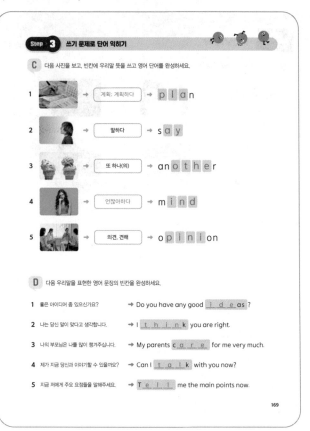

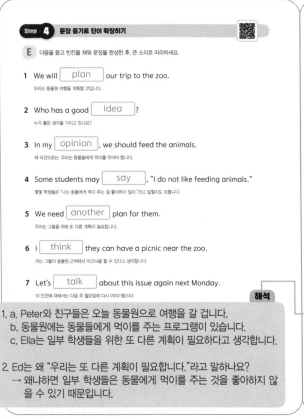

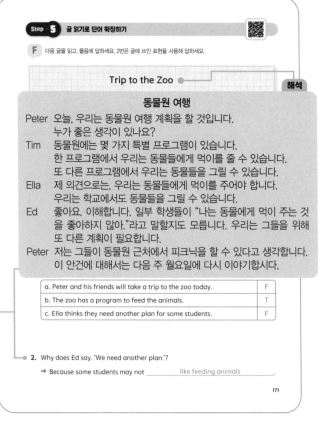

64   초등영단어 Level 4

DAY 27

Quick Check

1 opinion → 의견, 견해 2 think → 생각하다 3 another → 또 하나; 또 하나의 4 mind → 신경, 생각; 언짢아하다 5 care → 돌봄; 돌보다, 마음을 쓰다

6 idea → 생각, 아이디어 7 plan → 계획; 계획하다 8 say → 말하다 9 tell → 말하다 10 talk → 말하다

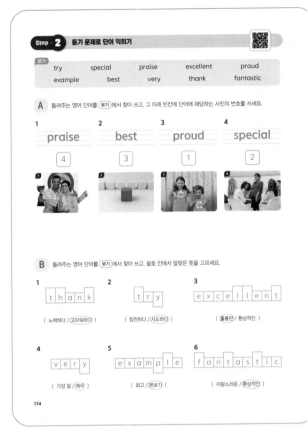

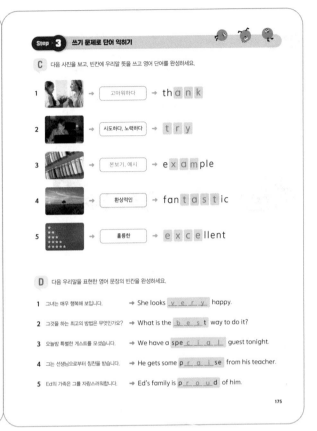

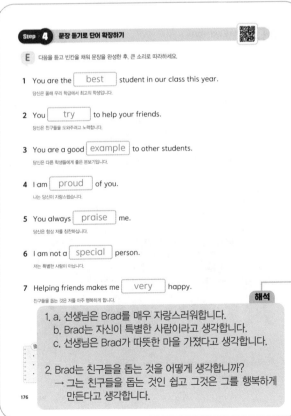

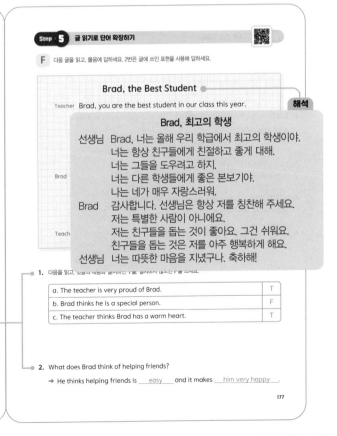

Quick Check

1 praise → 칭찬; 칭찬하다 2 excellent → 훌륭한 3 fantastic → 환상적인 4 thank → 고마워하다 5 very → 매우

6 try → 시도하다, 노력하다, 먹어 보다 7 example → 본보기, 예시 8 proud → 자랑스러운 9 special → 특별한 10 best → 최고; 최고의; 가장 잘

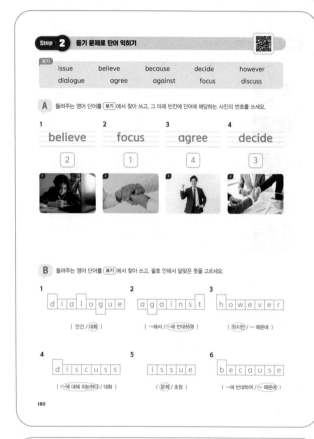

Step 2 듣기 문제로 단어 익히기

보기
issue　believe　because　decide　however
dialogue　agree　against　focus　discuss

A 들려주는 영어 단어를 보기에서 찾아 쓰고, 그 아래 빈칸에 단어에 해당하는 사진의 번호를 쓰세요.

1 believe [2]
2 focus [1]
3 agree [4]
4 decide [3]

B 들려주는 영어 단어를 보기에서 찾아 쓰고, 괄호 안에서 알맞은 뜻을 고르세요.

1 dialogue （ 안건 / 대화 ）
2 against （ ~해서 / ~에 반대하여 ）
3 however （ 하지만 / ~ 때문에 ）
4 discuss （ ~에 대해 의논하다 / 대화 ）
5 issue （ 문제 / 초점 ）
6 because （ ~에 반대하여 / ~ 때문에 ）

180

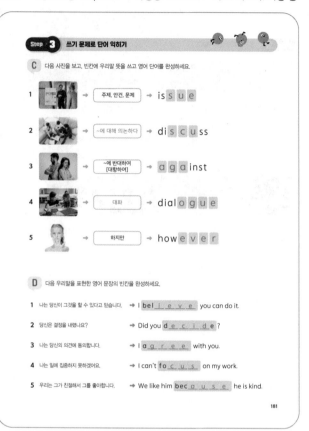

Step 3 쓰기 문제로 단어 익히기

C 다음 사진을 보고, 빈칸에 우리말 뜻을 쓰고 영어 단어를 완성하세요.

1 주제, 안건, 문제 → is s u e
2 ~에 대해 의논하다 → di s c u ss
3 ~에 반대하여 [대항하여] → a g a inst
4 대화 → dial o g u e
5 하지만 → how e v e r

D 다음 우리말을 표현한 영어 문장의 빈칸을 완성하세요.

1 나는 당신이 그것을 할 수 있다고 믿습니다. → I bel i e v e you can do it.
2 당신은 결정을 내렸나요? → Did you d e c i d e ?
3 나는 당신의 의견에 동의합니다. → I a g r e e with you.
4 나는 일에 집중하지 못하겠어요. → I can't fo c u s on my work.
5 우리는 그가 친절해서 그를 좋아합니다. → We like him bec a u s e he is kind.

181

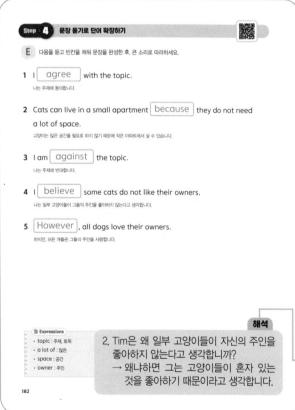

Step 4 문장 듣기로 단어 확장하기

E 다음을 듣고 빈칸을 채워 문장을 완성한 후, 큰 소리로 따라하세요.

1 I agree with the topic.
나는 주제에 동의합니다.

2 Cats can live in a small apartment because they do not need a lot of space.
고양이는 많은 공간을 필요로 하지 않기 때문에 작은 아파트에서 살 수 있습니다.

3 I am against the topic.
나는 주제에 반대합니다.

4 I believe some cats do not like their owners.
나는 일부 고양이들이 그들의 주인을 좋아하지 않는다고 생각합니다.

5 However, all dogs love their owners.
하지만, 모든 개들은 그들의 주인을 사랑합니다.

Expressions
- topic : 주제, 토픽
- a lot of : 많은
- space : 공간
- owner : 주인

해석
2. Tim은 왜 일부 고양이들이 자신의 주인을 좋아하지 않는다고 생각합니까?
→ 왜냐하면 그는 고양이들이 혼자 있는 것을 좋아하기 때문이라고 생각합니다.

182

Step 5 글 읽기로 단어 확장하기

F 다음 글을 읽고, 물음에 답하세요. 2번은 글에 쓰인 표현을 사용해 답하세요.

Cats vs. Dogs

Topic : Cats are better pets than dogs.

해석
고양이 vs. 개
주제 : 고양이는 개보다 더 나은 애완동물이다.
Kate　나는 주제에 동의합니다.
첫째, 고양이는 많은 공간을 필요로 하지 않아서 작은 아파트에서 살 수 있습니다.
둘째, 고양이들은 매우 조용합니다. 그들은 짖지 않습니다.
셋째, 그들은 많이 먹지 않습니다. 그들은 비용이 많이 드는 반려동물이 아닙니다.

Tim　저는 주제에 반대합니다. 고양이는 혼자 있는 것을 좋아합니다.
저는 일부 고양이들이 주인을 좋아하지 않는 것 같습니다.
하지만, 개들은 모두 그들의 주인을 사랑합니다.
그들은 사람의 최고의 친구가 될 수 있습니다.

2. Why does Tim think some cats do not like their owners?
→ Because he thinks cats ＿＿＿＿ like to be alone

183

DAY 29

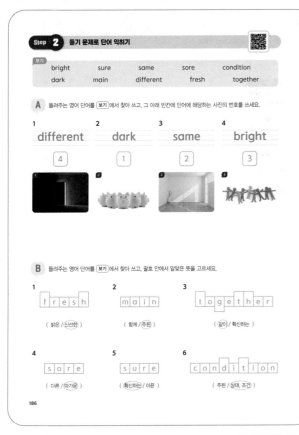

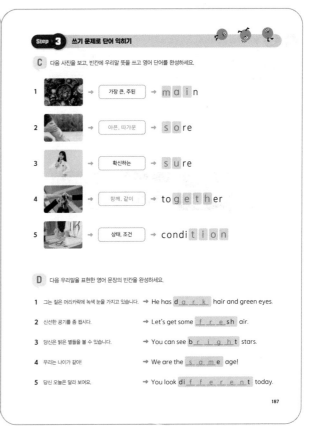

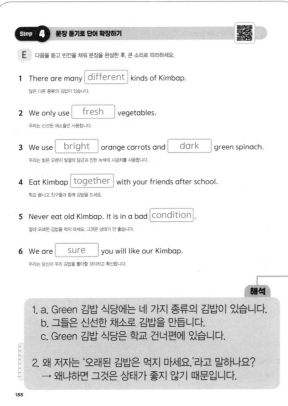

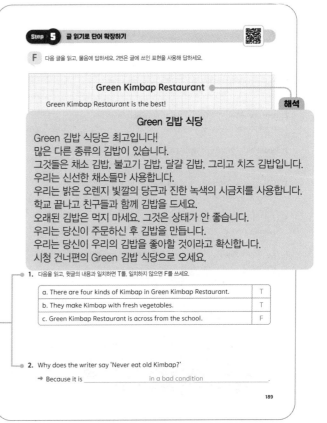

Step 2 듣기 문제로 단어 익히기

보기
bright sure same sore condition
dark main different fresh together

A 들려주는 영어 단어를 보기에서 찾아 쓰고, 그 아래 빈칸에 단어에 해당하는 사진의 번호를 쓰세요.

1 different [4]
2 dark [1]
3 same [2]
4 bright [3]

B 들려주는 영어 단어를 보기에서 찾아 쓰고, 괄호 안에서 알맞은 뜻을 고르세요.

1 fresh (밝은 / 신선한)
2 main (함께 / 주된)
3 together (같이 / 확신하는)
4 sore (다른 / 따가운)
5 sure (확신하는 / 아픈)
6 condition (주된 / 상태, 조건)

Step 3 쓰기 문제로 단어 익히기

C 다음 사진을 보고, 빈칸에 우리말 뜻을 쓰고 영어 단어를 완성하세요.

1 → 가장 큰, 주된 → main
2 → 아픈, 따가운 → sore
3 → 확신하는 → sure
4 → 함께, 같이 → together
5 → 상태, 조건 → condition

D 다음 우리말을 표현한 영어 문장의 빈칸을 완성하세요.

1 그는 짙은 머리카락에 녹색 눈을 가지고 있습니다. → He has dark hair and green eyes.
2 신선한 공기를 좀 쐽시다. → Let's get some fresh air.
3 당신은 밝은 별들을 볼 수 있습니다. → You can see bright stars.
4 우리는 나이가 같아! → We are the same age!
5 당신 오늘은 달라 보여요. → You look different today.

Step 4 문장 듣기로 단어 확장하기

E 다음을 듣고 빈칸을 채워 문장을 완성한 후, 큰 소리로 따라하세요.

1 There are many different kinds of Kimbap.
많은 다른 종류의 김밥이 있습니다.

2 We only use fresh vegetables.
우리는 신선한 채소만 사용합니다.

3 We use bright orange carrots and dark green spinach.
우리는 밝은 오렌지 빛깔의 당근과 진한 녹색의 시금치를 사용합니다.

4 Eat Kimbap together with your friends after school.
학교 끝나고 친구들과 함께 김밥을 드세요.

5 Never eat old Kimbap. It is in a bad condition.
절대 오래된 김밥을 먹지 마세요. 그것은 상태가 안 좋습니다.

6 We are sure you will like our Kimbap.
우리는 당신이 우리 김밥을 좋아할 것이라고 확신합니다.

해석

1. a. Green 김밥 식당에는 네 가지 종류의 김밥이 있습니다.
b. 그들은 신선한 채소로 김밥을 만듭니다.
c. Green 김밥 식당은 학교 건너편에 있습니다.

2. 왜 저자는 '오래된 김밥은 먹지 마세요.'라고 말하나요?
→ 왜냐하면 그것은 상태가 좋지 않기 때문입니다.

Step 5 글 읽기로 단어 확장하기

F 다음 글을 읽고, 물음에 답하세요. 2번은 글에 쓰인 표현을 사용해 답하세요.

Green Kimbap Restaurant

Green Kimbap Restaurant is the best!

해석

Green 김밥 식당

Green 김밥 식당은 최고입니다!
많은 다른 종류의 김밥이 있습니다.
그것들은 채소 김밥, 불고기 김밥, 달걀 김밥, 그리고 치즈 김밥입니다.
우리는 신선한 채소만 사용합니다.
우리는 밝은 오렌지 빛깔의 당근과 진한 녹색의 시금치를 사용합니다.
학교 끝나고 친구들과 함께 김밥을 드세요.
오래된 김밥은 먹지 마세요. 그것은 상태가 안 좋습니다.
우리는 당신이 주문하신 후 김밥을 만듭니다.
우리는 당신이 우리의 김밥을 좋아할 것이라고 확신합니다.
시청 건너편의 Green 김밥 식당으로 오세요.

1. 다음을 읽고, 윗글의 내용과 일치하면 T를, 일치하지 않으면 F를 쓰세요.

a. There are four kinds of Kimbap in Green Kimbap Restaurant.	T
b. They make Kimbap with fresh vegetables.	T
c. Green Kimbap Restaurant is across from the school.	F

2. Why does the writer say 'Never eat old Kimbap?'
→ Because it is _____ in a bad condition _____.

186   187   188   189

Quick Check

1 bright → 밝은 2 dark → 어두운, 짙은 3 condition → 상태, 조건 4 different → 다른 5 sure → 확신하는

6 main → 가장 큰, 주된 7 fresh → 신선한 8 same → (똑)같은 9 sore → 아픈, 따가운 10 together → 함께, 같이

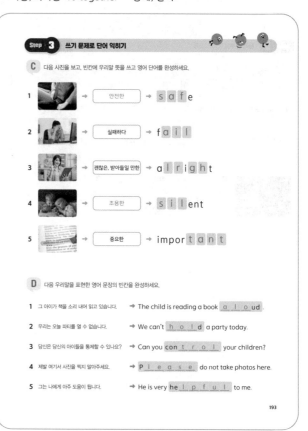

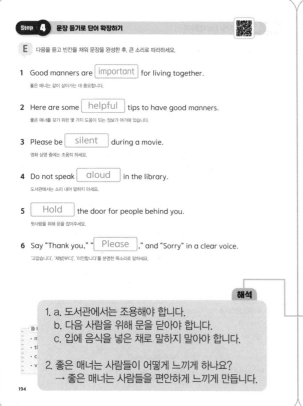

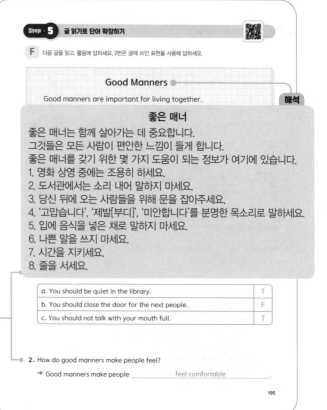

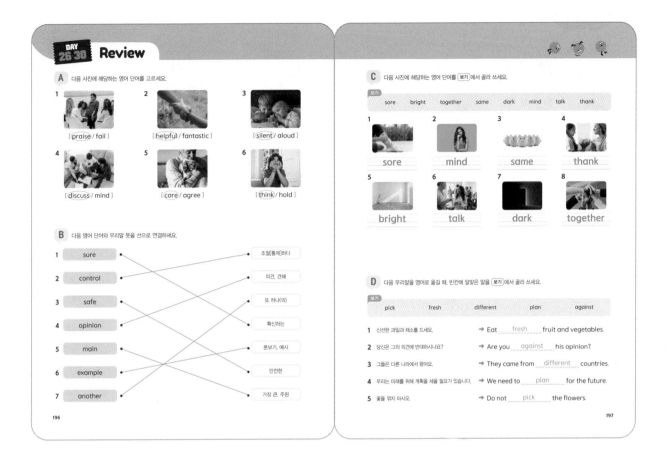

DAY 26-30 Review

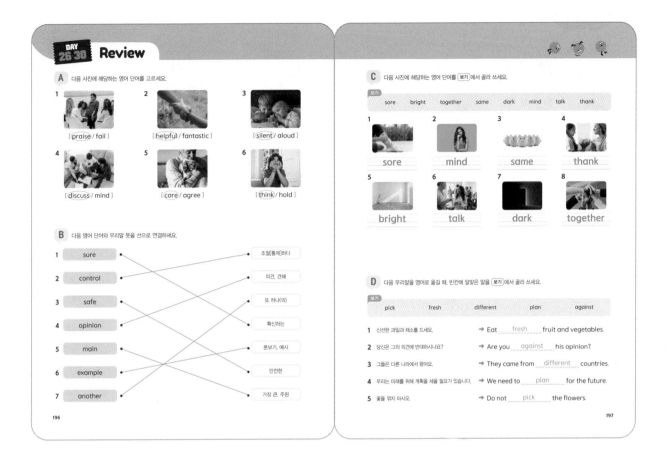

A 다음 사진에 해당하는 영어 단어를 고르세요.

1 [(praise) / fail]

2 [(helpful) / fantastic]

3 [(silent) / aloud]

4 [(discuss) / mind]

5 [(care) / agree]

6 [(think) / hold]

B 다음 영어 단어와 우리말 뜻을 선으로 연결하세요.

1 sure · · 조절[통제]하다
2 control · · 의견, 견해
3 safe · · 또 하나의
4 opinion · · 확신하는
5 main · · 본보기, 예시
6 example · · 안전한
7 another · · 가장 큰, 주된

C 다음 사진에 해당하는 영어 단어를 [보기]에서 골라 쓰세요.

보기   sore   bright   together   same   dark   mind   talk   thank

1 sore
2 mind
3 same
4 thank
5 bright
6 talk
7 dark
8 together

D 다음 우리말을 영어로 옮길 때, 빈칸에 알맞은 말을 [보기]에서 골라 쓰세요.

보기   pick   fresh   different   plan   against

1 신선한 과일과 채소를 드세요. → Eat ___fresh___ fruit and vegetables.
2 당신은 그의 의견에 반대하시나요? → Are you ___against___ his opinion?
3 그들은 다른 나라에서 왔어요. → They came from ___different___ countries.
4 우리는 미래를 위해 계획을 세울 필요가 있습니다. → We need to ___plan___ for the future.
5 꽃을 꺾지 마시오. → Do not ___pick___ the flowers.

196

197

Quick Check

1 safe → 안전한 2 aloud → 소리 내어, 큰 소리로 3 fail → 실패하다 4 please → 기쁘게 하다; 제발 5 silent → 조용한

6 hold → 잡다, (회의를) 열다 7 control → 조절하다, 통제하다 8 helpful → 도움이 되는 9 important → 중요한 10 alright → 괜찮은, 받아들일 만한

MEMO

MEMO

초등영단어
문장의 시작

Level 4

메가스터디BOOKS
내용 문의 02-6984-6908 ┃ 구입 문의 02-6984-6868,9 ┃ www.megastudybooks.com